LAND ART

Bettina Mercier

COLLECTION AUTOMNE HIVER

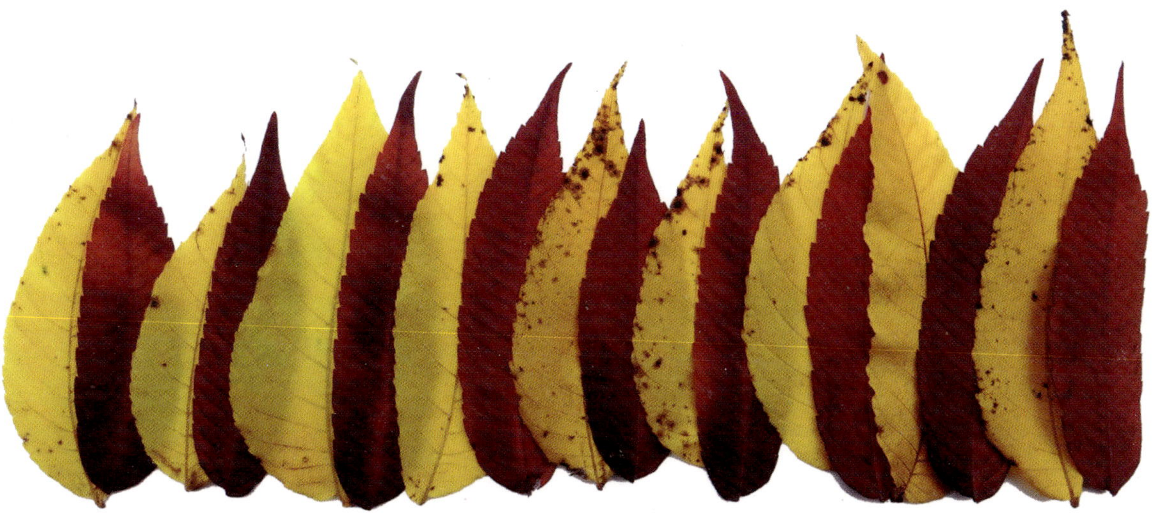

Actes Sud Junior

Après la mer et ses trésors, j'ai eu envie
de "jouer" avec tout ce que l'automne et l'hiver nous
offrent de nuances, de matières et de formes.
Et toutes ces couleurs qui sont autant d'éléments à utiliser.
Vos promenades ne seront plus tout à fait
comme avant et j'espère que vous prendrez
le temps de laisser sur votre passage
des créations qui feront le plaisir des passants...

B. M.

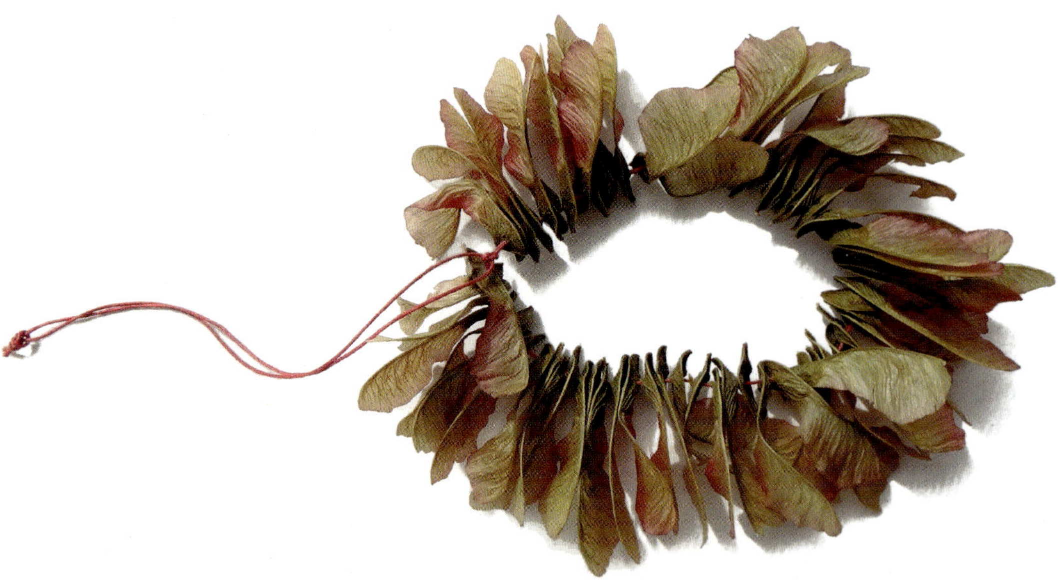

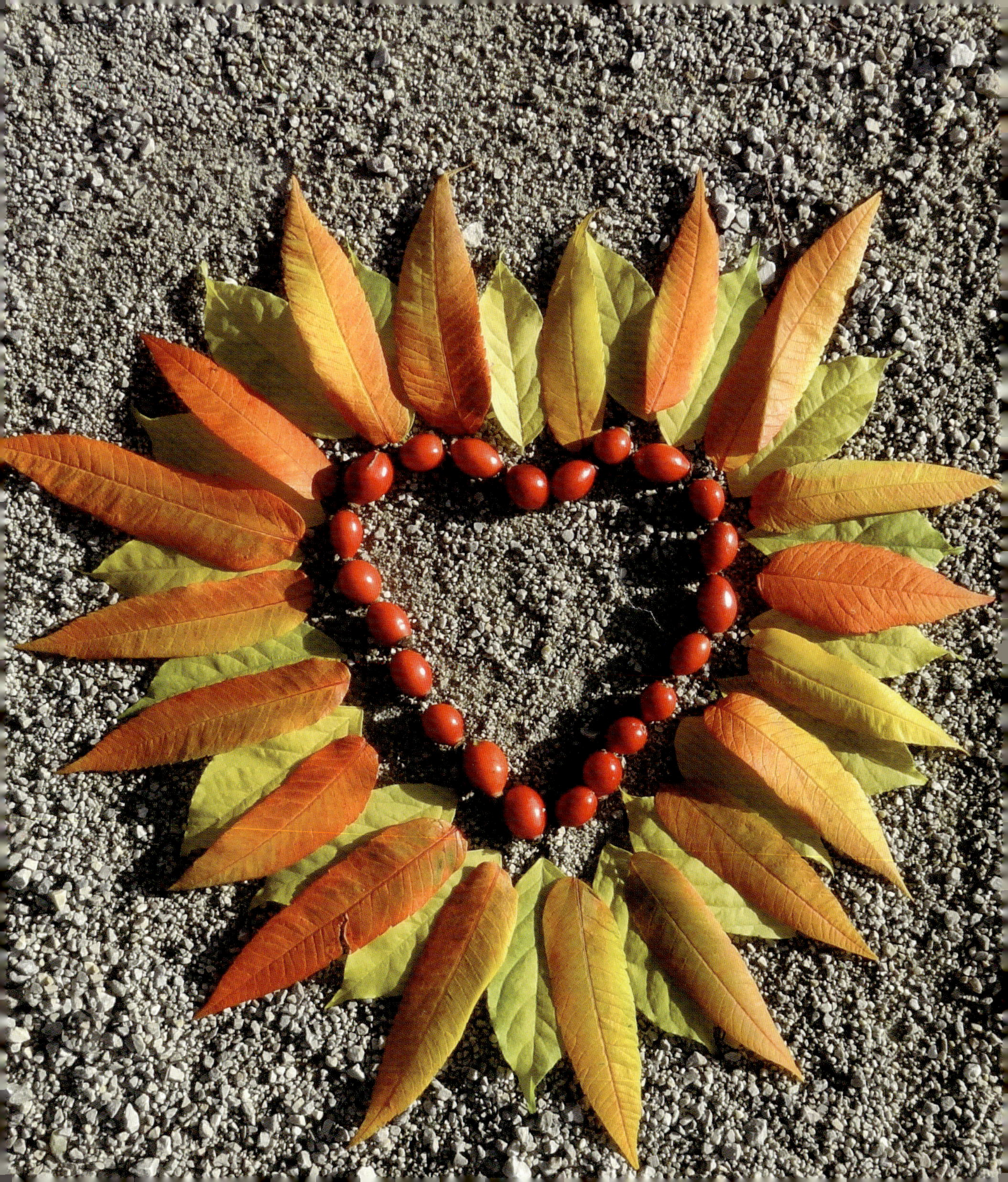

AU
TOM
NE

LE 1ER **NOVEMBRE**

Le 1er novembre, jour de la Toussaint, a été l'occasion de se procurer des fleurs de toutes les couleurs (les pomponnettes) et de créer une sorte de mandala très kitsch.

Le reste des fleurs et des pétales a été jeté dans l'eau du lac ; le résultat était très poétique…

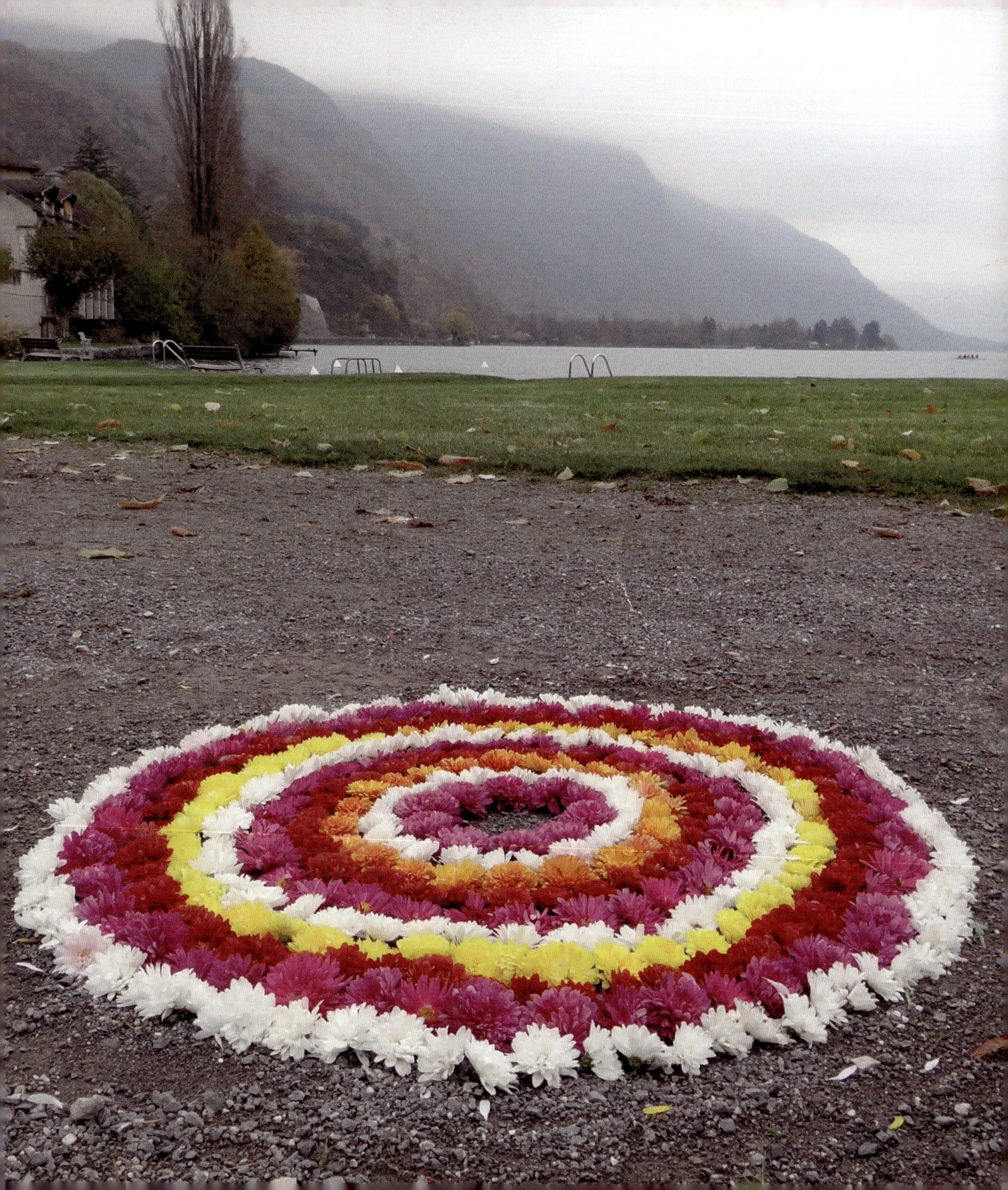

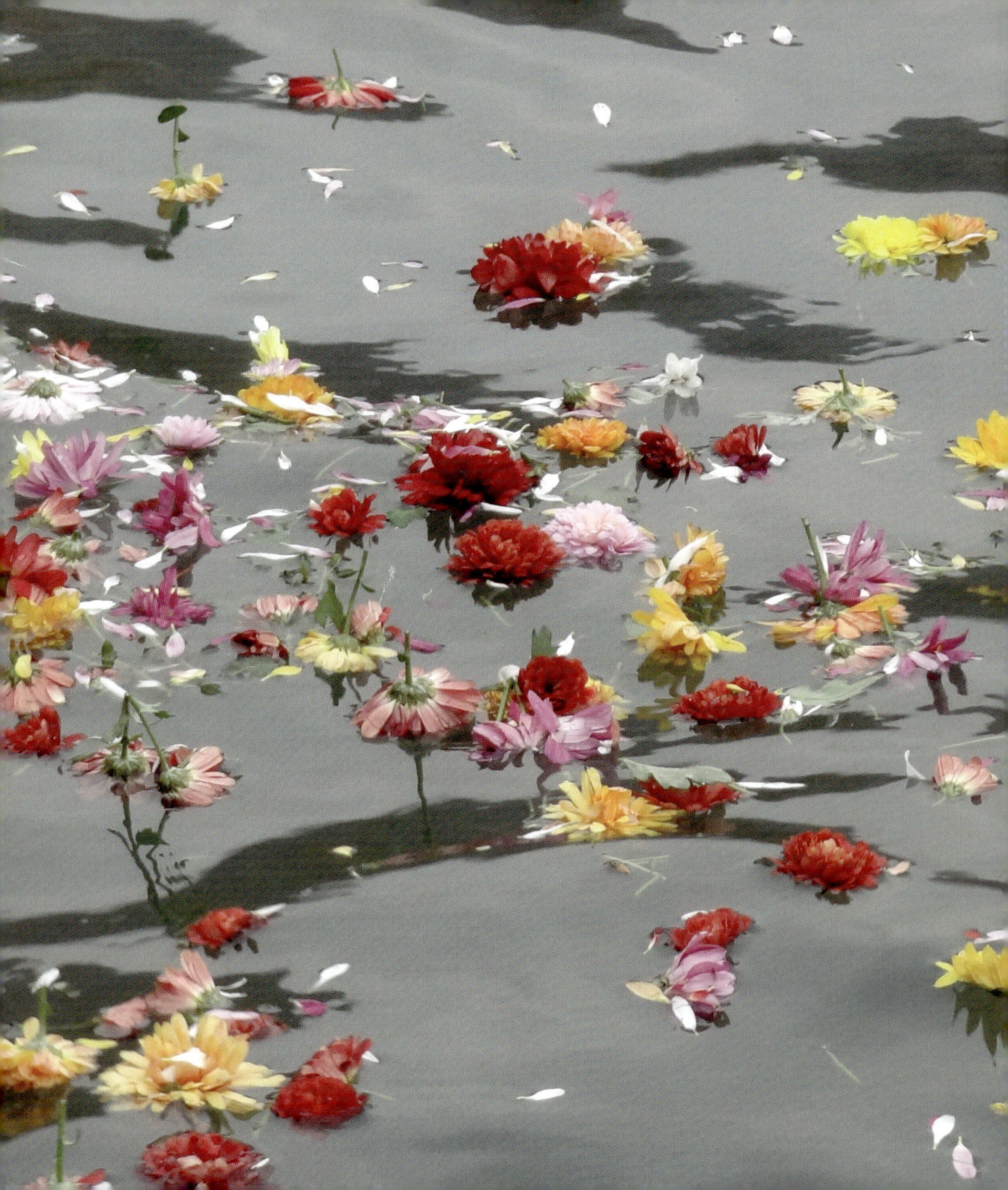

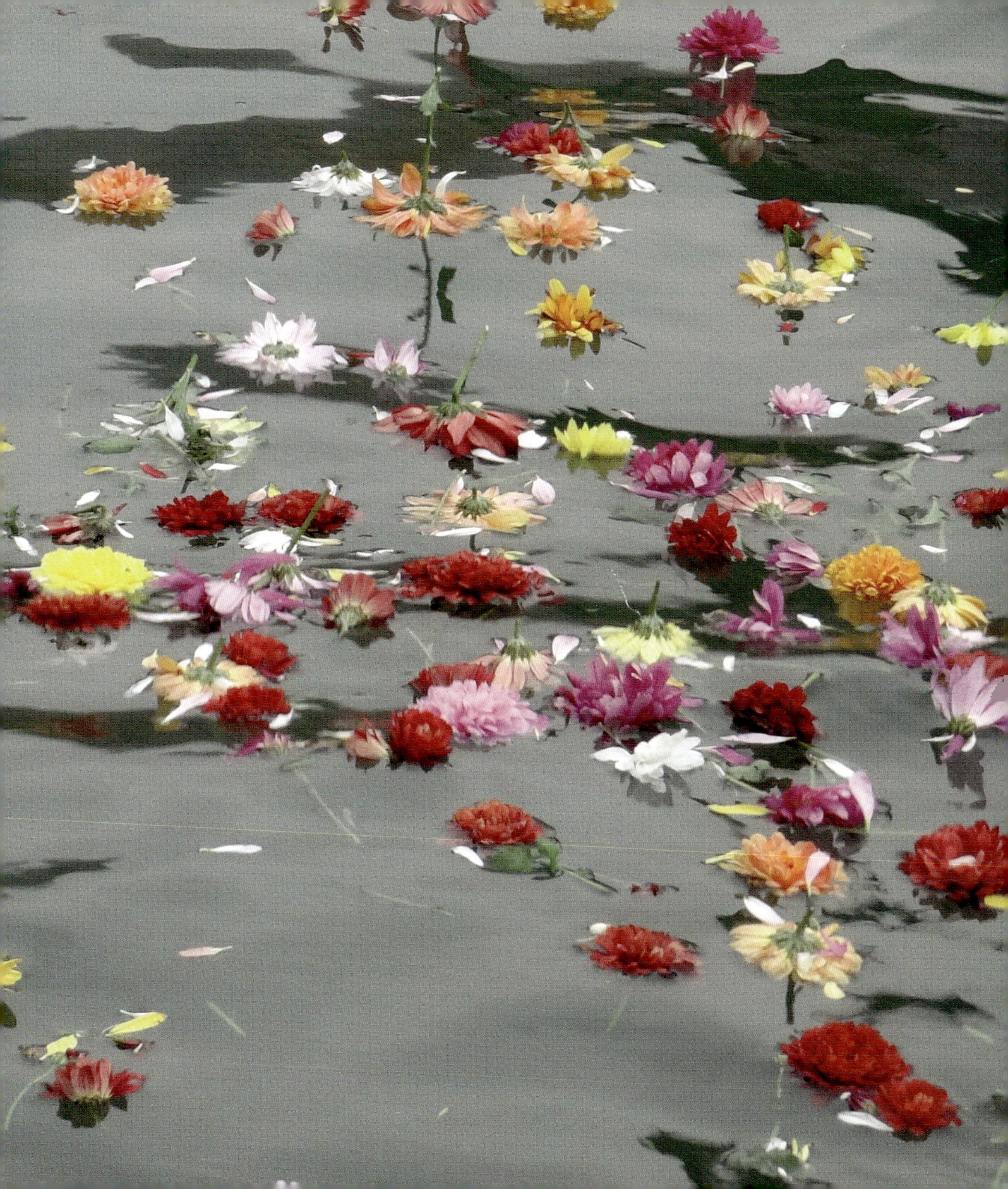

LES ANIMAUX DE **L'AUTOMNE**

Tu peux créer des animaux avec des feuilles et des graines. Tom s'est prêté au jeu et a réalisé l'écureuil. Le coq, le renard et le papillon de nuit sont aussi très faciles à réaliser.

À toi de jouer !

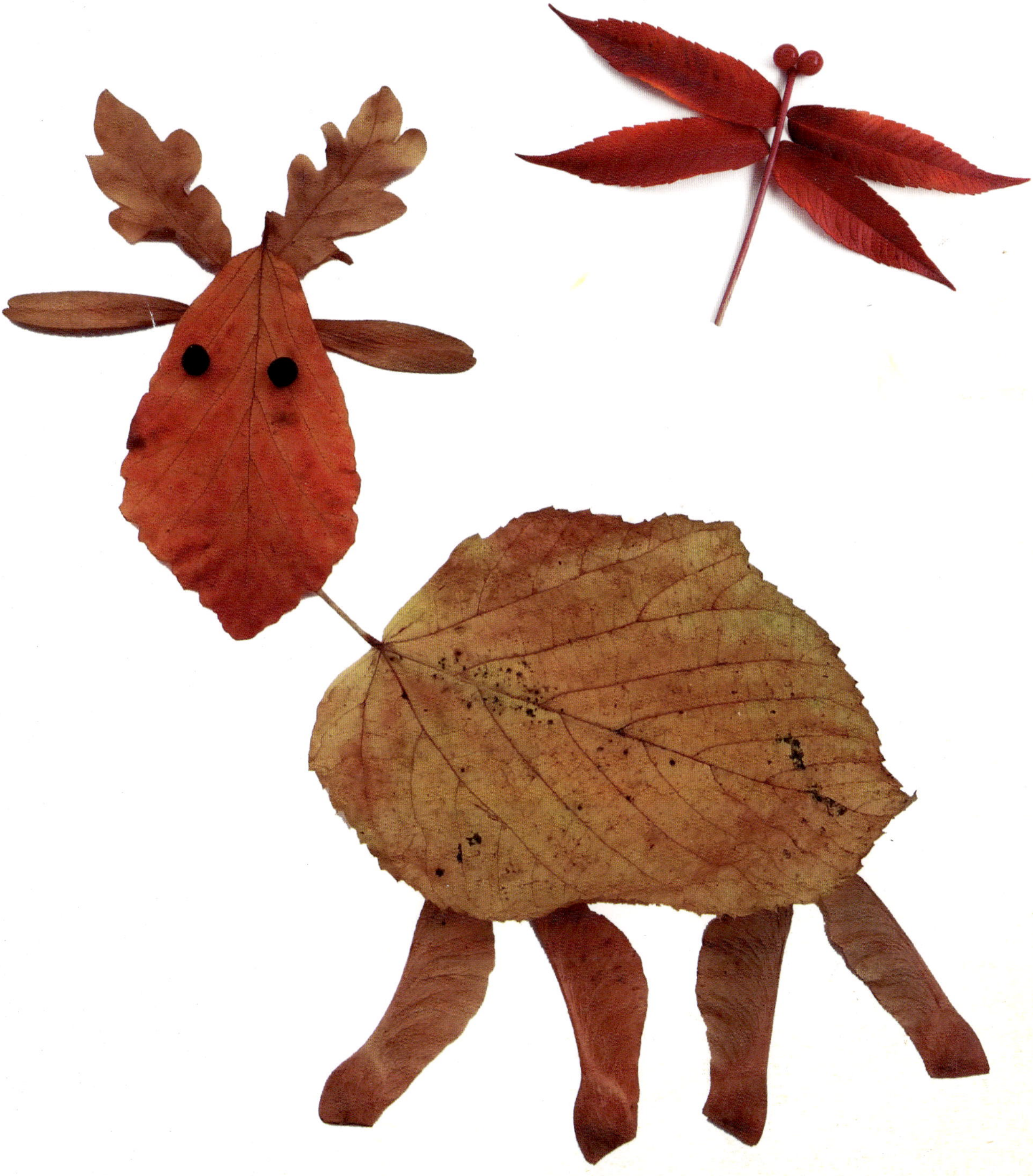

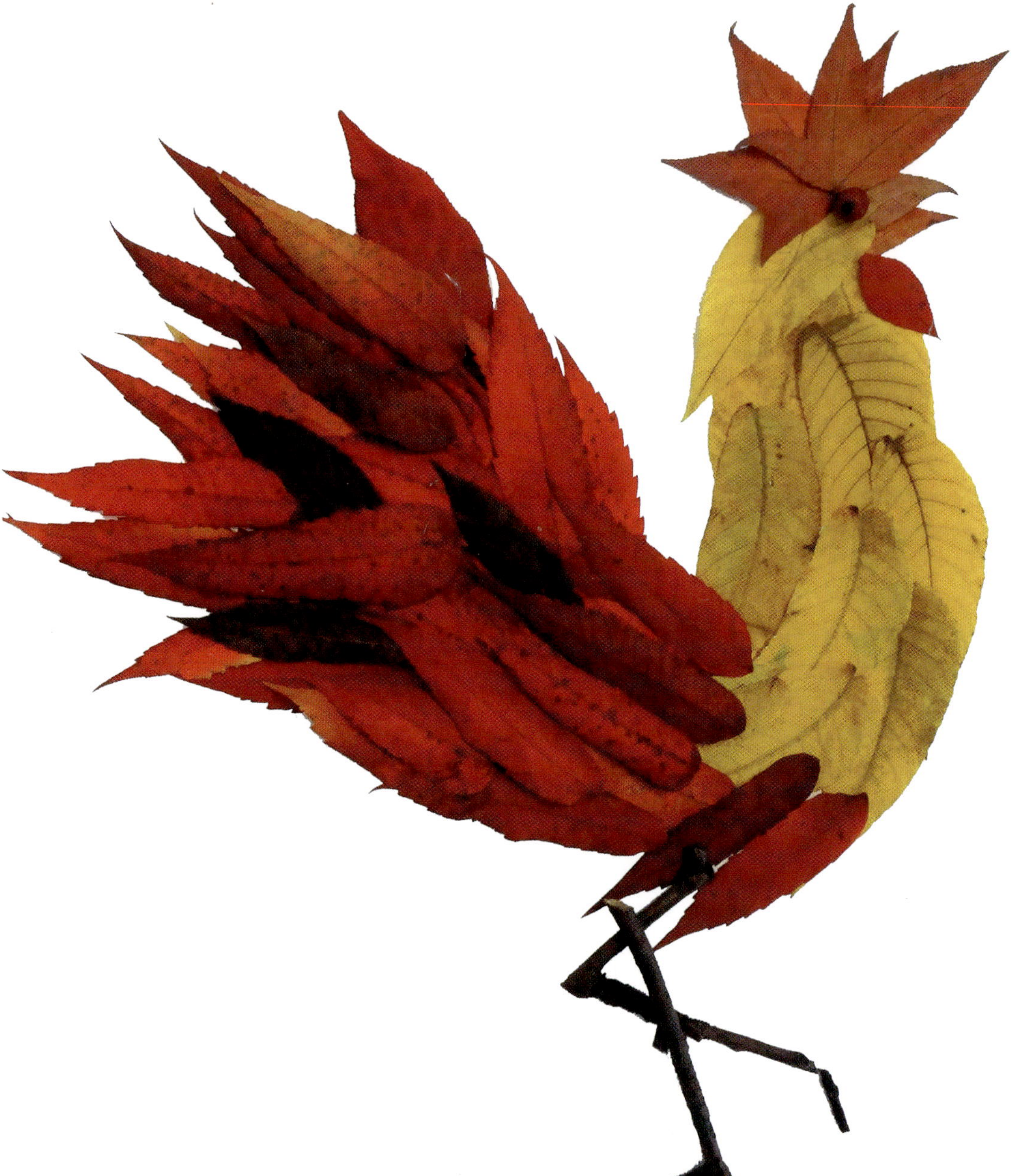

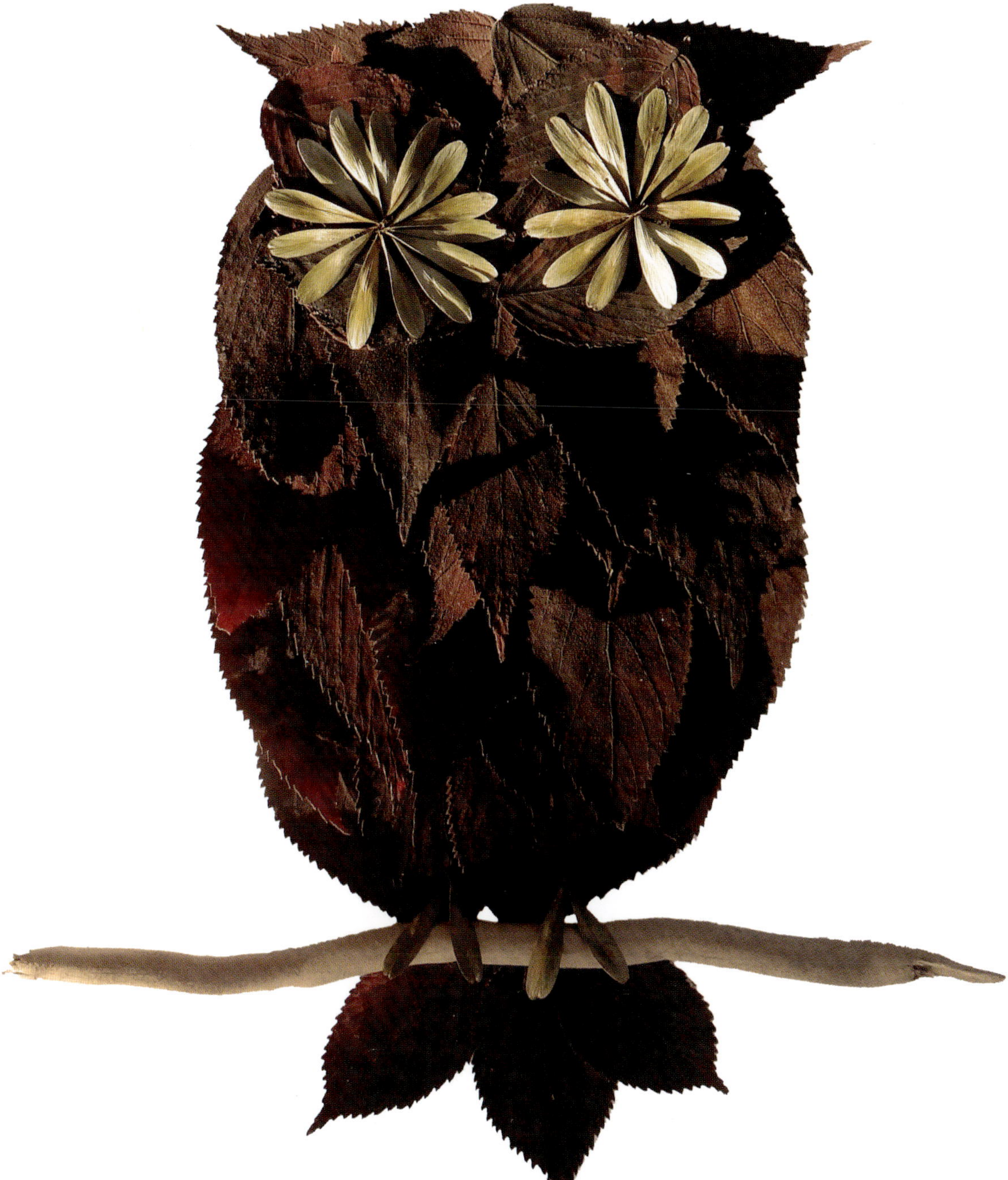

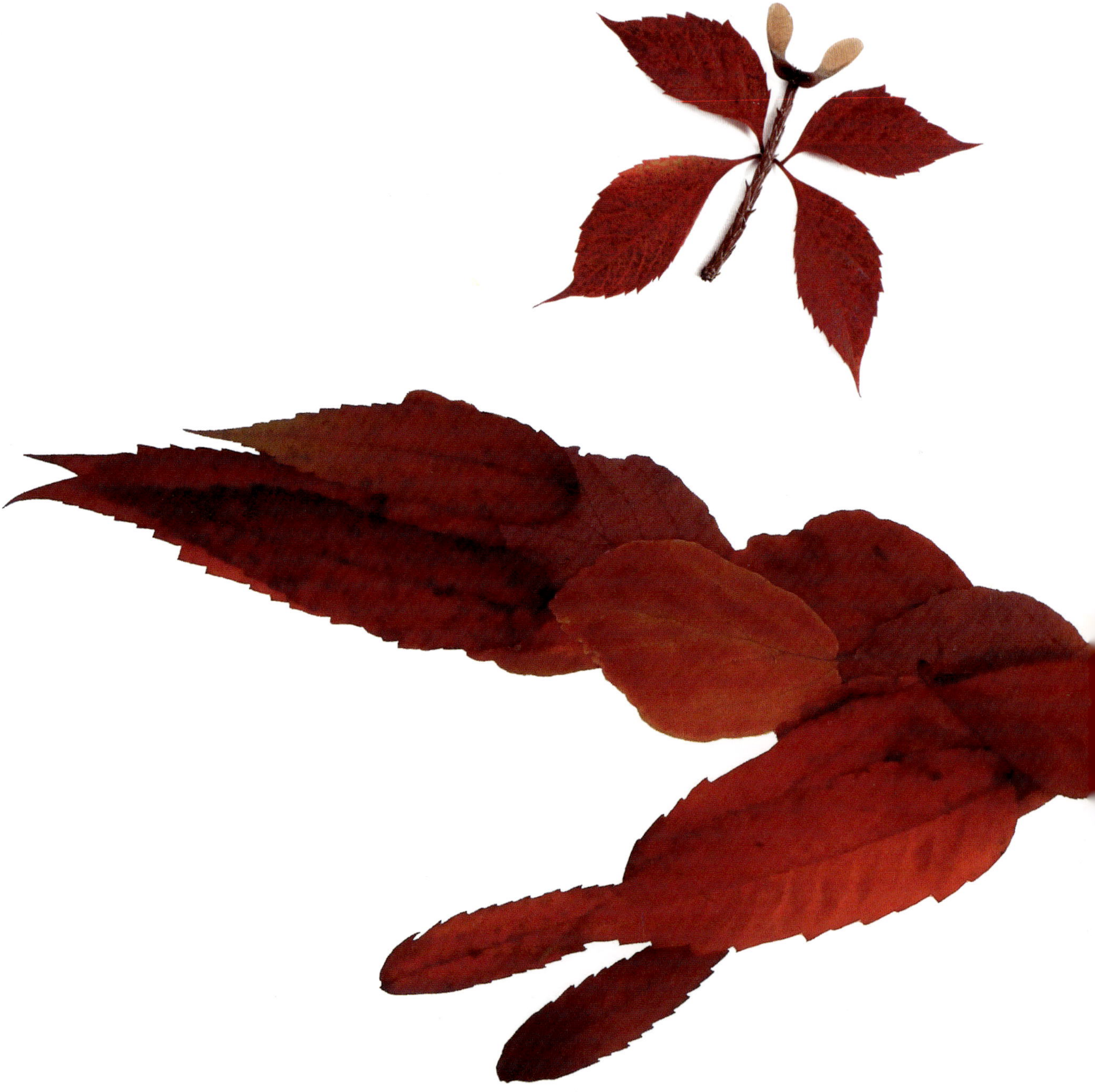

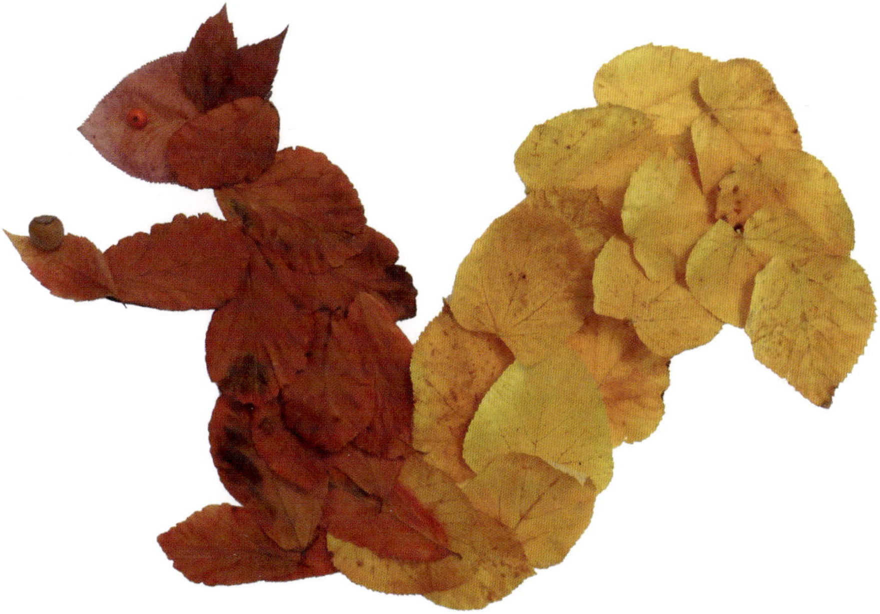

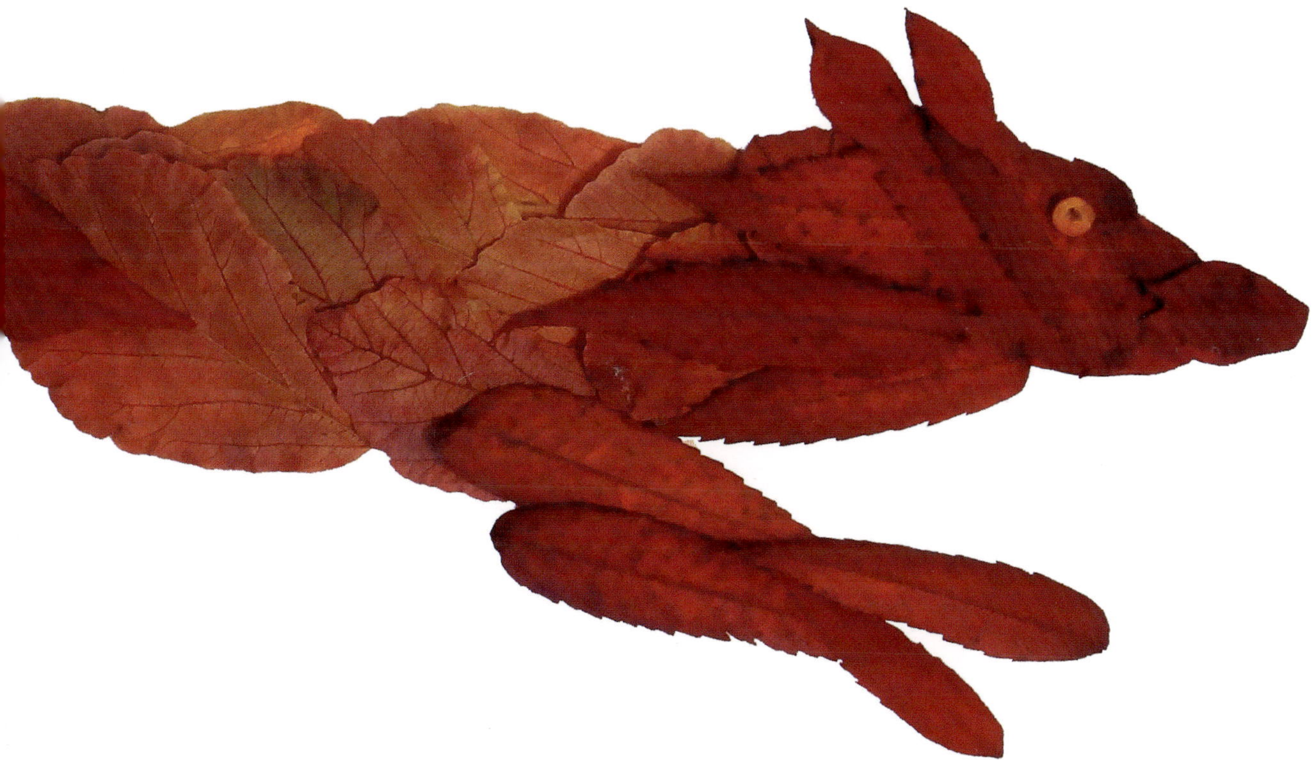

LES **ÉTOILES**

Dessine des étoiles sur une feuille ou sur le sol à l'aide d'un bâton afin que le contour soit à peu près équilibré, puis pose des graines sur les lignes.

On peut aussi remplir les vides avec des graines…

Ici, j'ai utilisé des graines d'eucalyptus, que l'on trouve facilement dans le sud de la France.

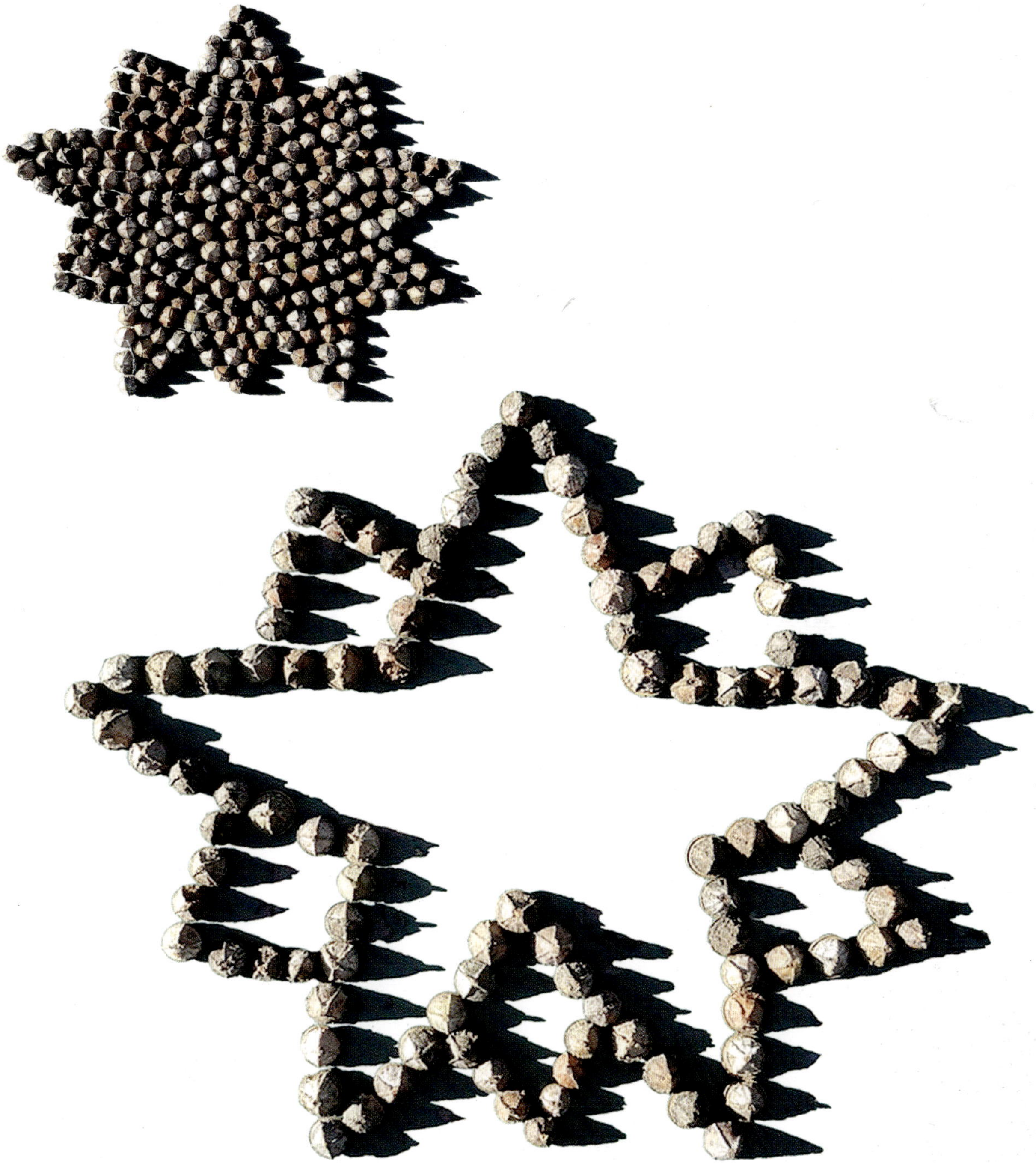

LES **MANDALAS**

J'appelle ces compositions des mandalas, parce que l'on part du centre et que l'on s'en éloigne en ajoutant différents éléments. Les enfants aiment beaucoup se prêter au jeu. Par contre, si tu souhaites les prendre en photo, il faut que les feuilles ou graines fassent le moins d'ombre possible au tableau final.

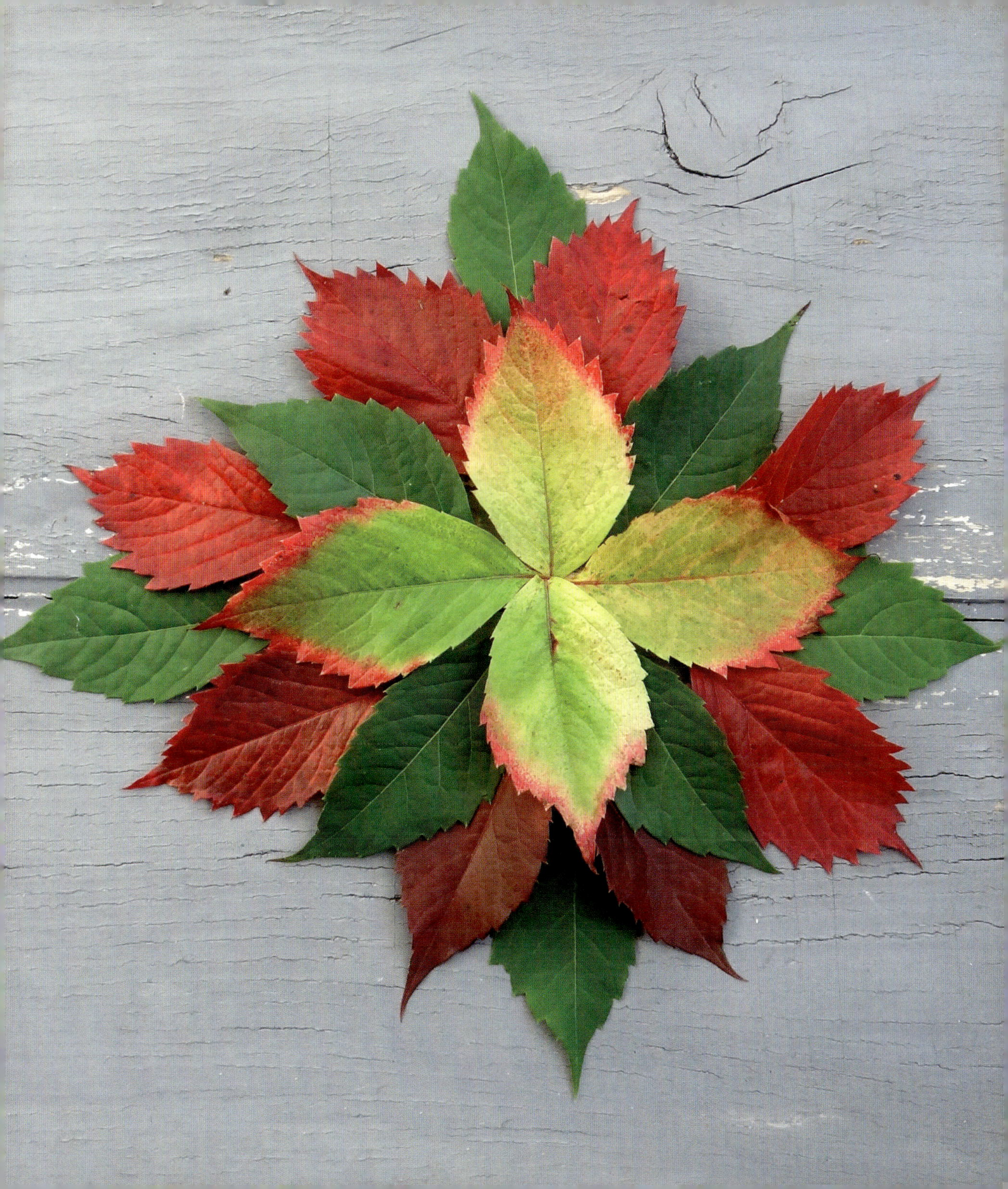

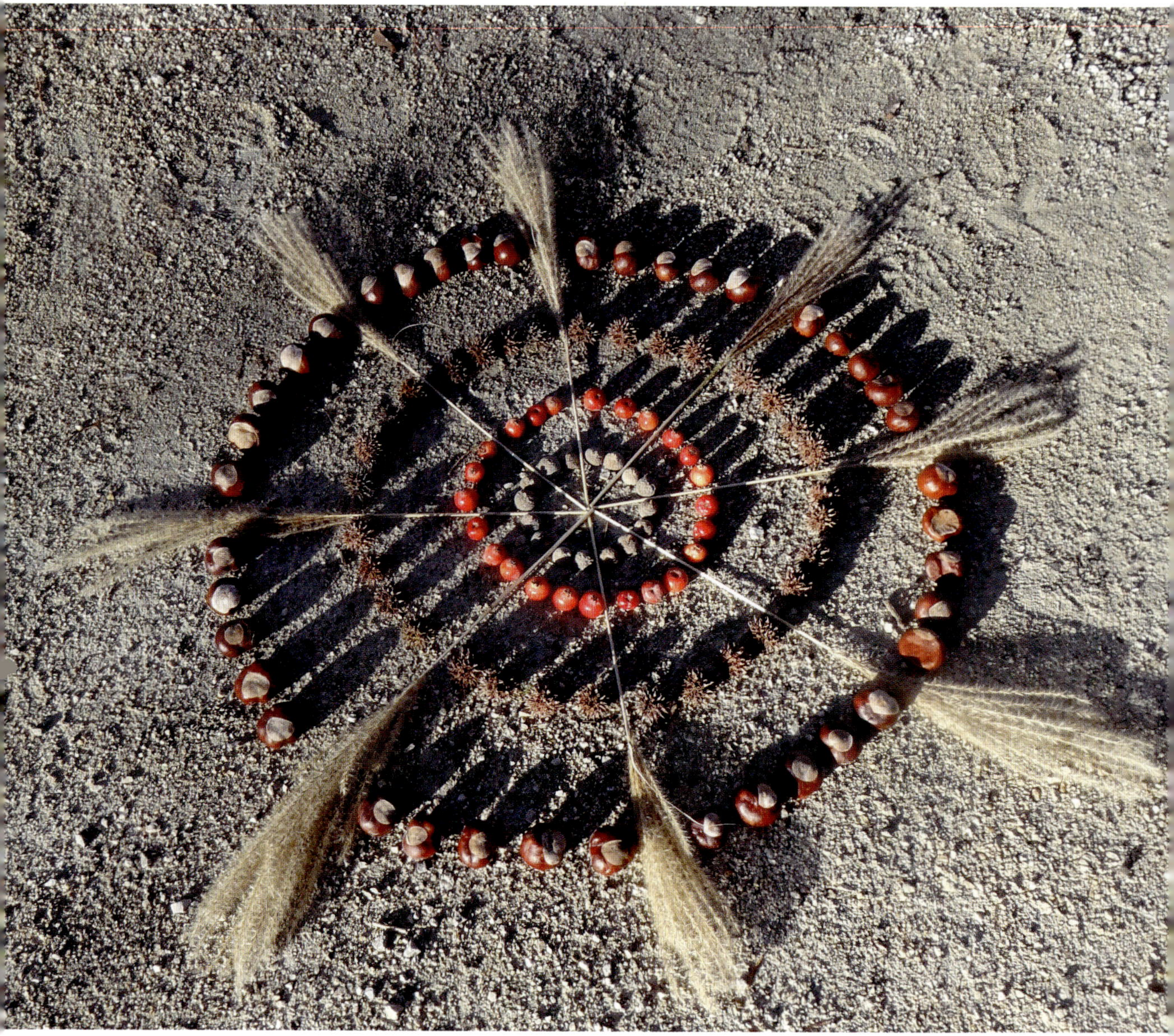

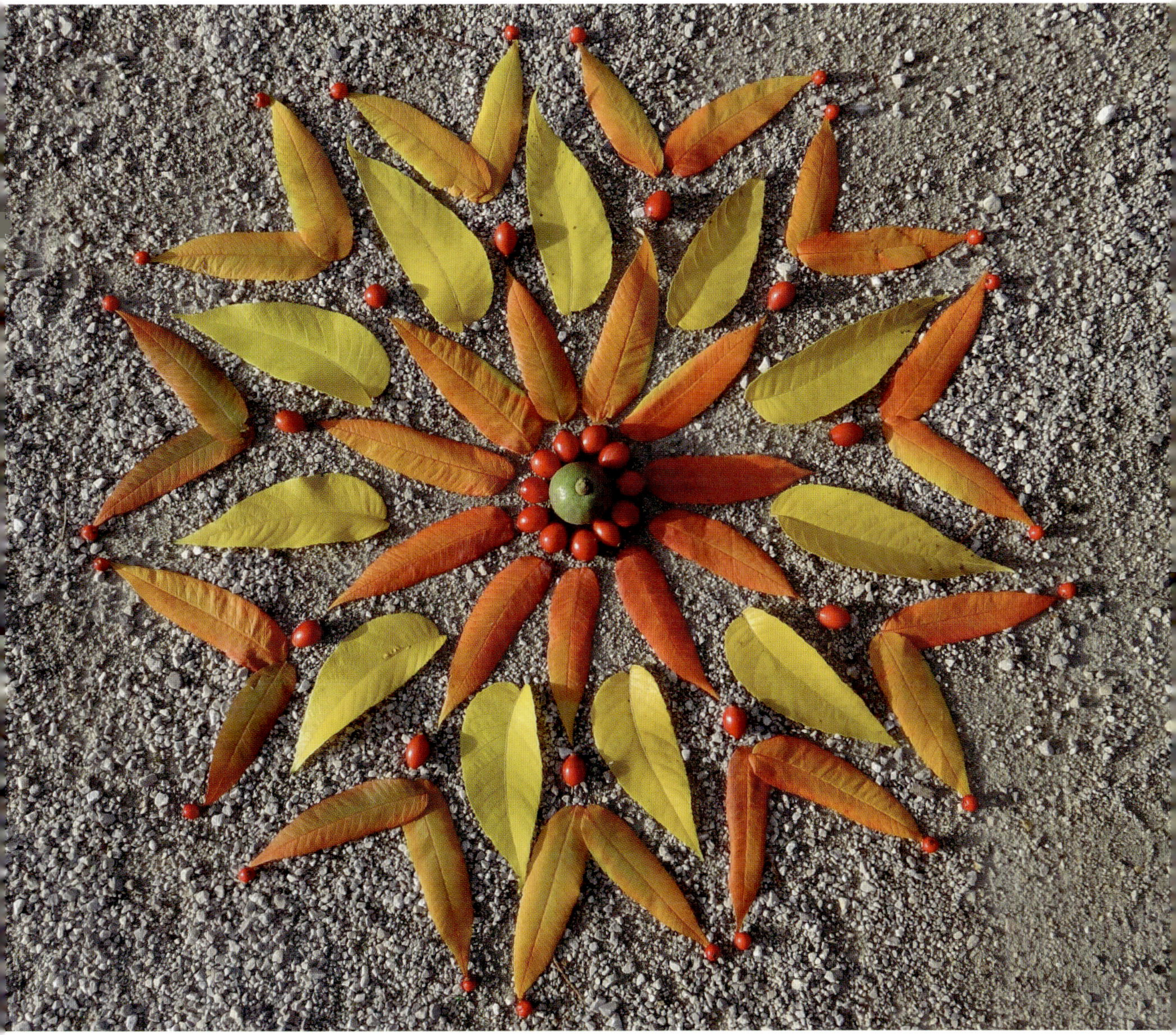

LES **CERCLES**

Sur cette photo, je me suis amusée à utiliser
des graines de différentes couleurs, formes et tailles.
Bien sûr, il faut d'abord aller les ramasser
et les stocker et, quand tu en as suffisamment,
tu peux t'amuser à faire ta composition.
N'oublie pas de la prendre en photo.

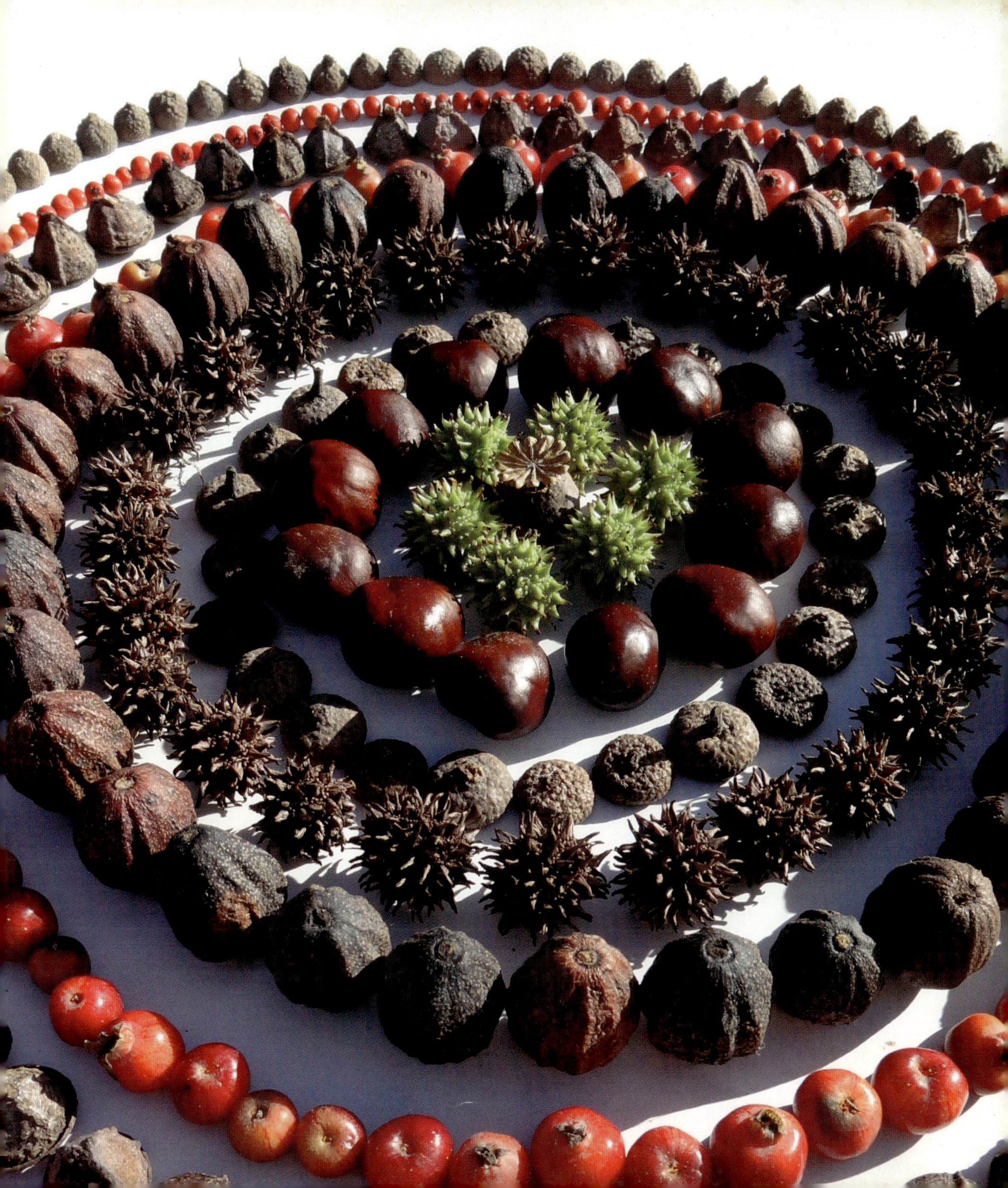

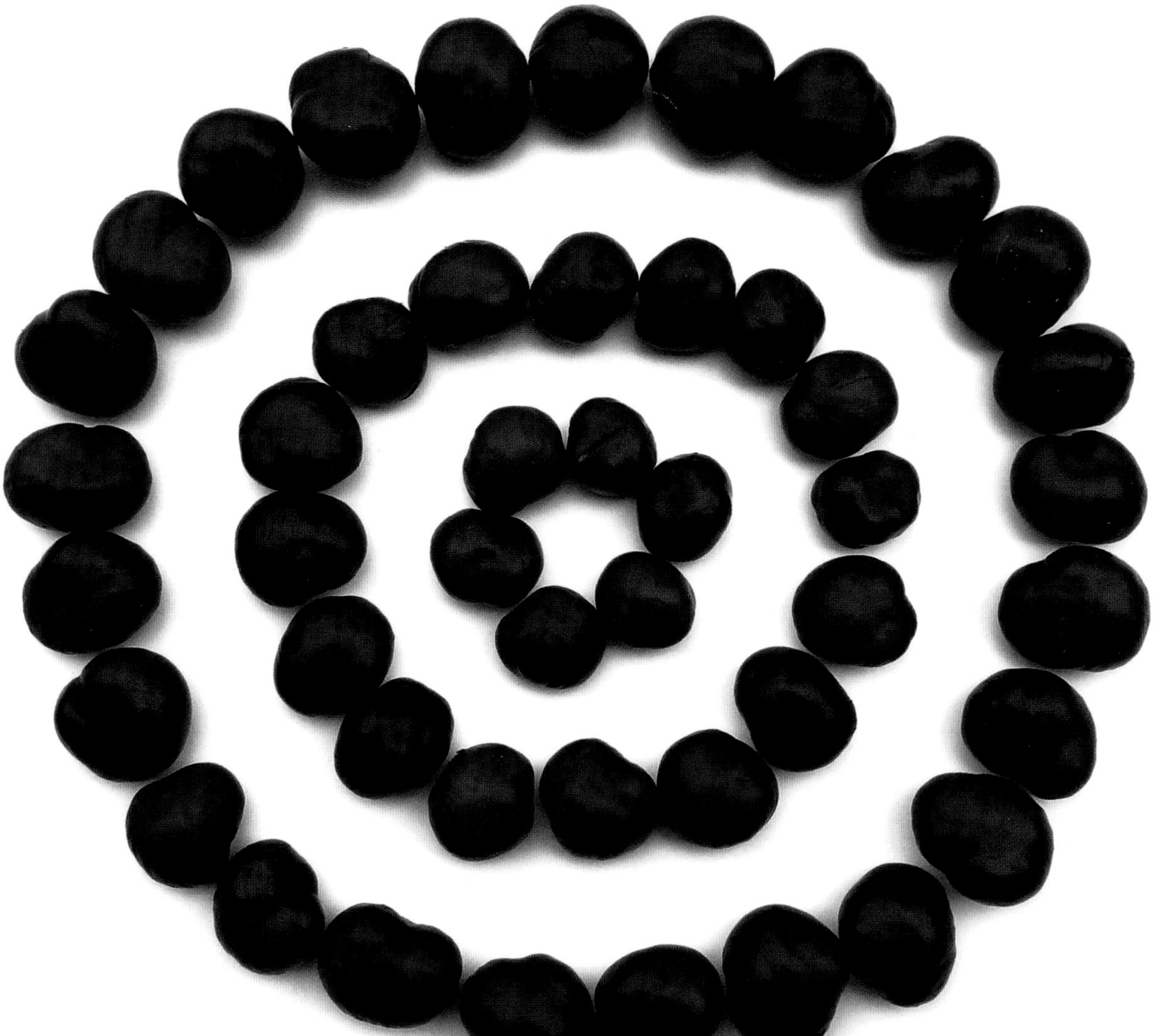

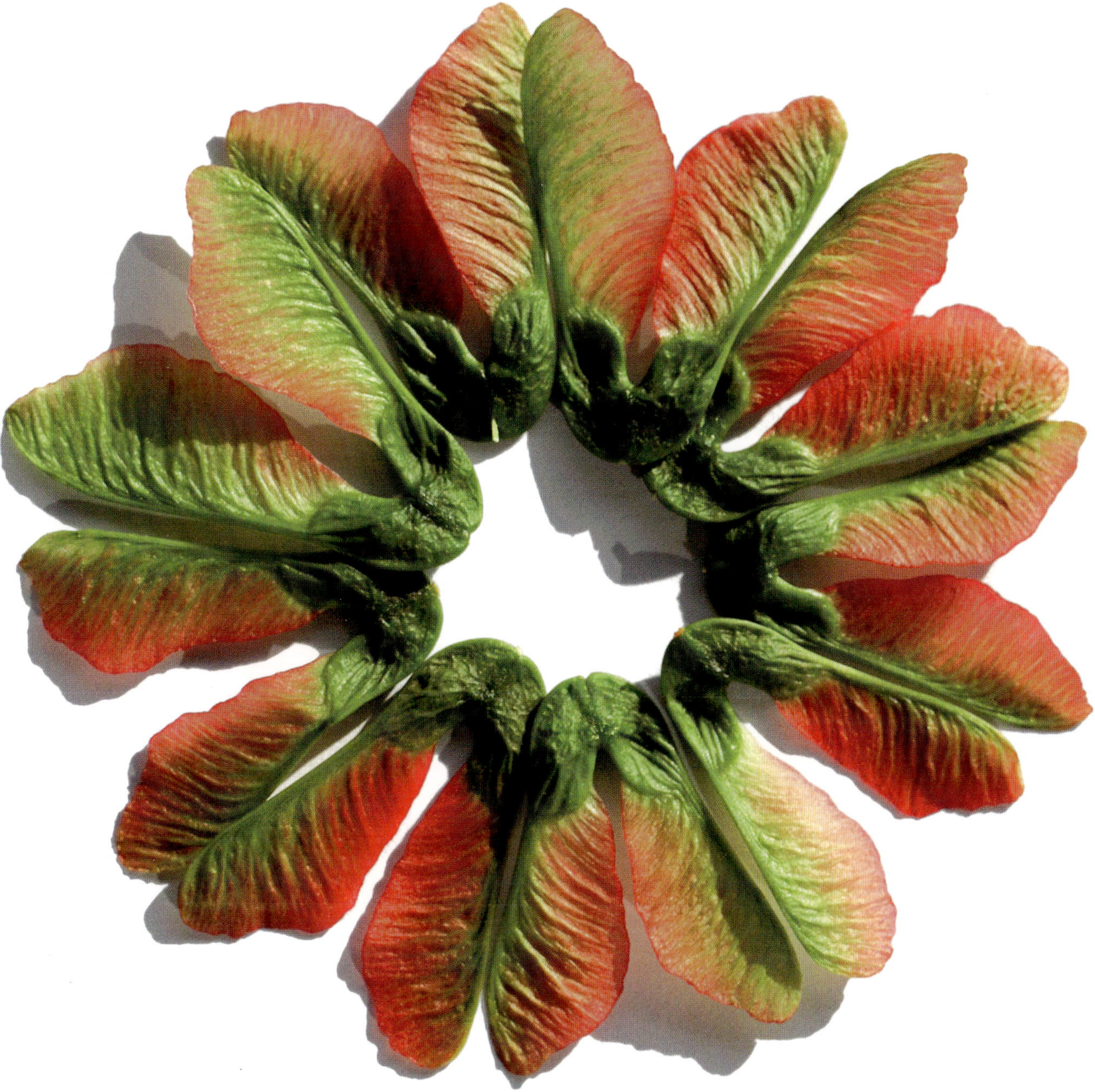

LES **LIGNES**

Comme tu peux le voir, j'ai utilisé des feuilles de deux couleurs et je les ai attachées entre elles à l'aide d'une brindille.

Je me suis aussi amusée à trouer des feuilles avec une perforatrice et à mélanger les couleurs.

Les graines d'églantier sont intéressantes à utiliser car le rouge vif donne un beau contraste à la photo.

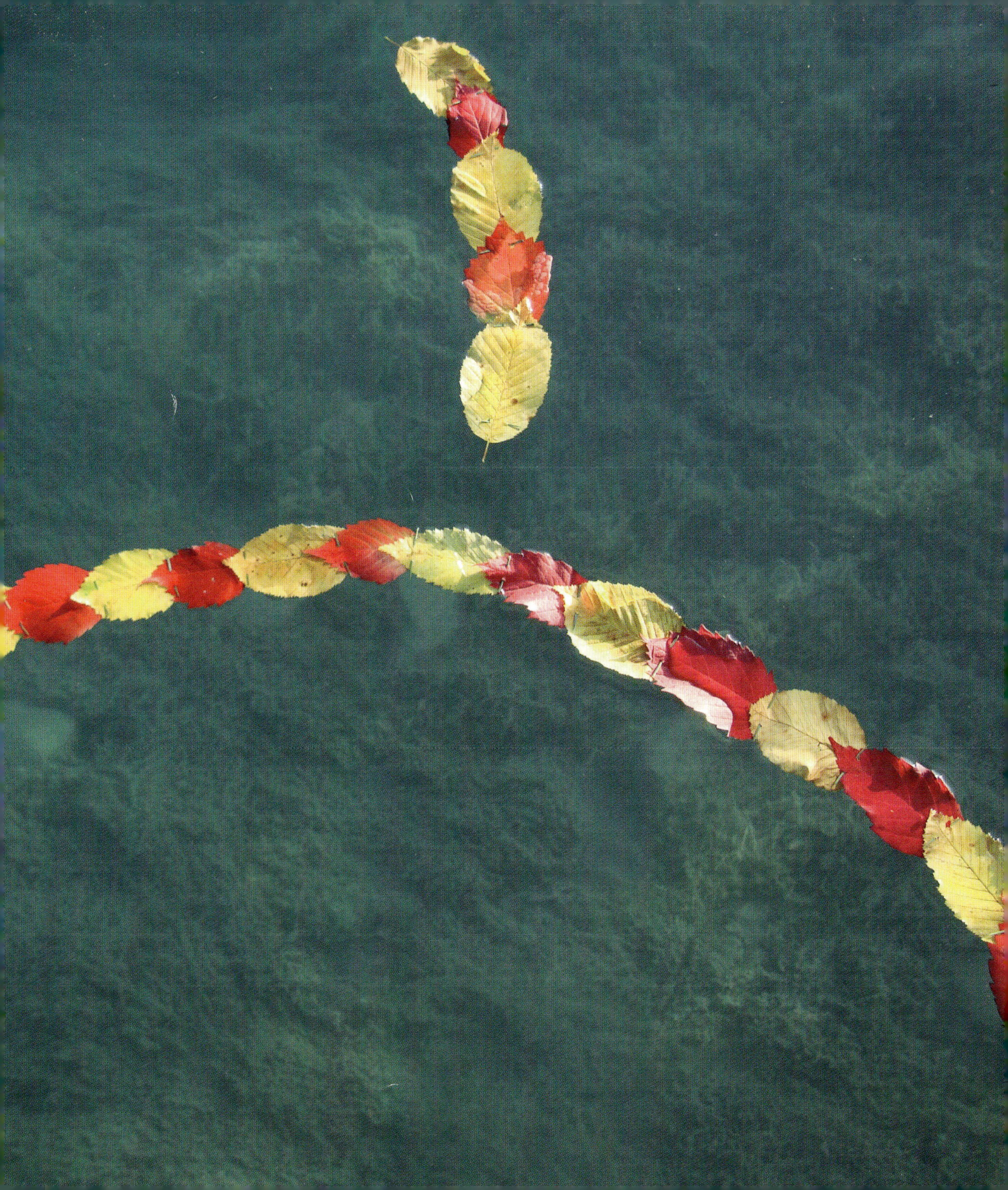

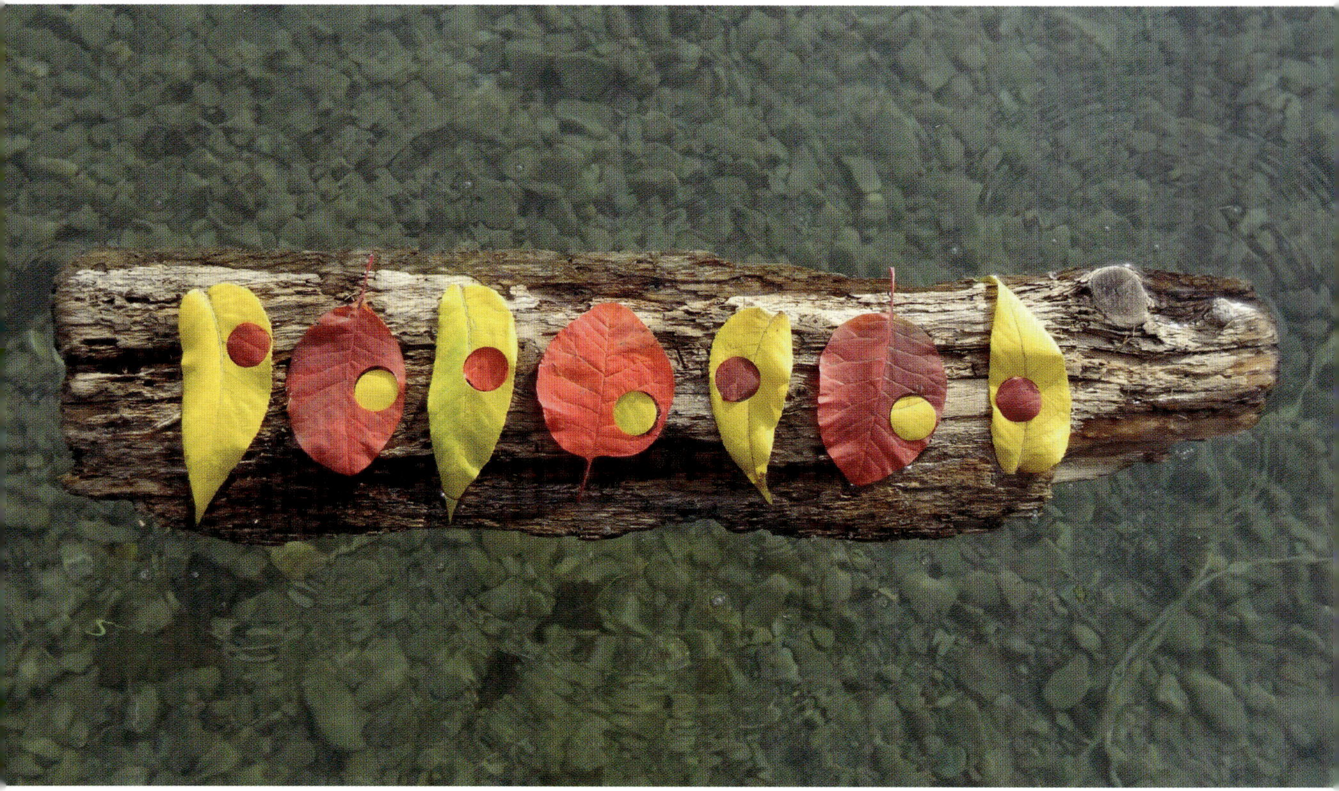

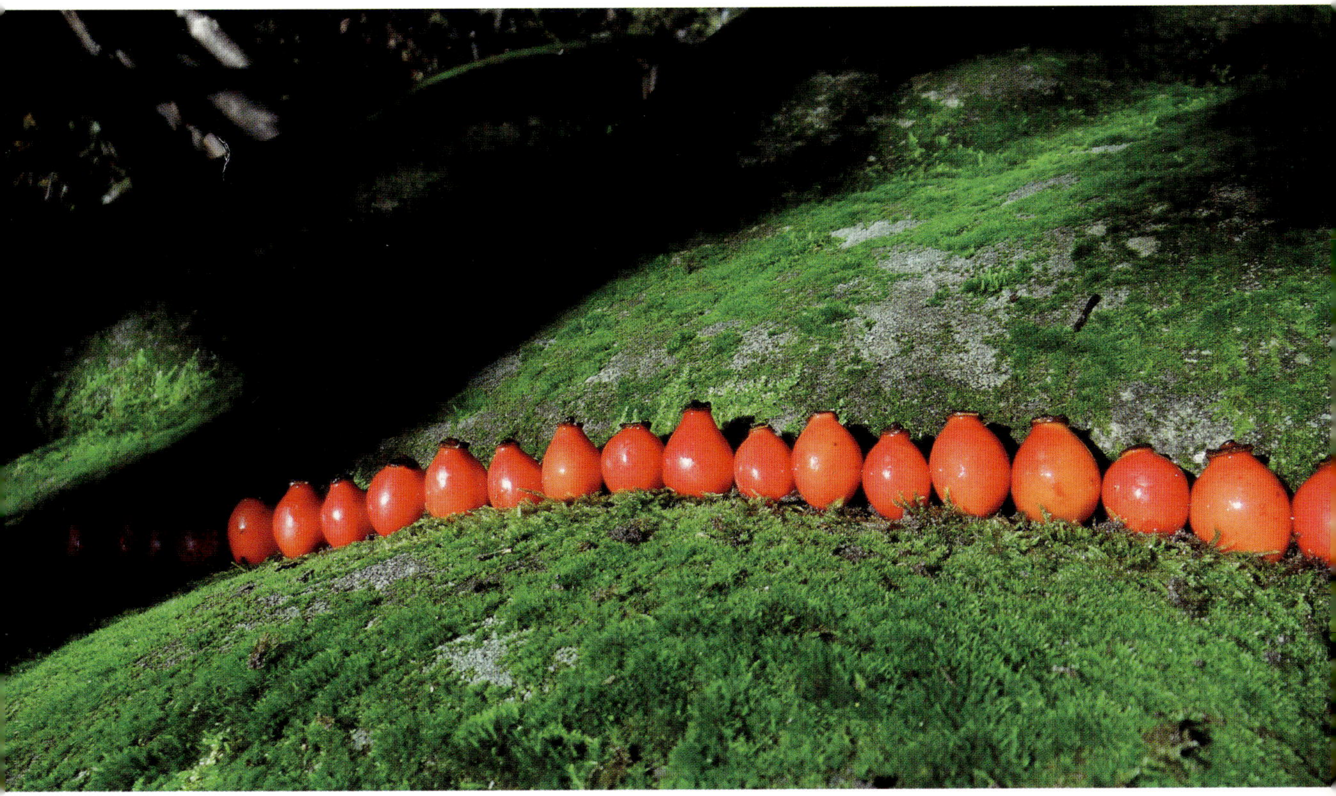

LE **BATEAU**

Comme dans le premier livre *Artiste de plage,*
j'ai imaginé un petit bateau aux couleurs de l'automne.
J'ai trouvé un bout de bois flotté ; j'ai planté
une feuille dedans et hop ! vogue mon joli bateau…
La feuille va prendre le vent et le bateau va avancer,
ici le voilà parti sur le lac d'Annecy.

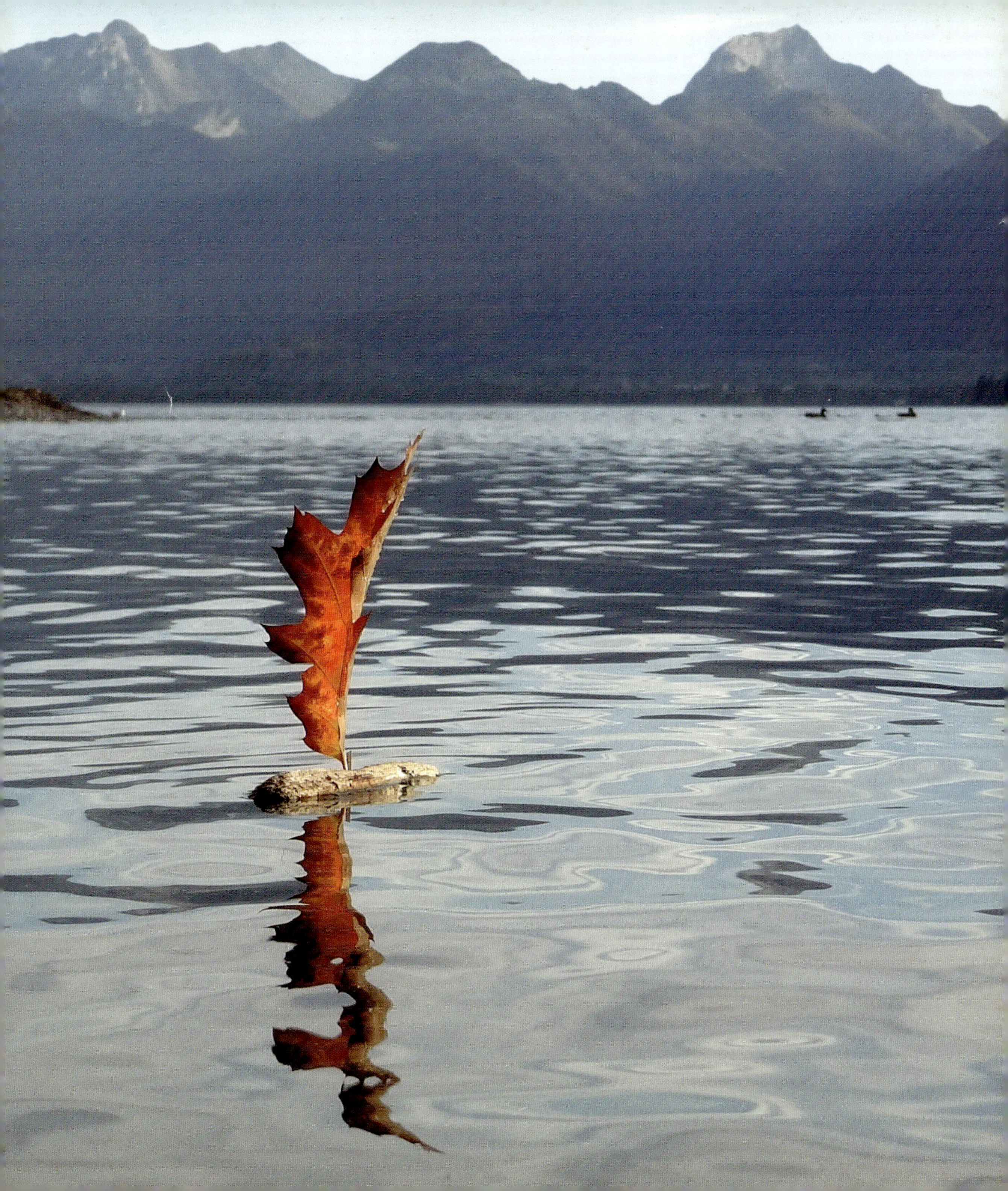

AUTOMNE

BROCHETTES DE **FEUILLES**

Il est très facile de réaliser ces jolies brochettes de feuilles : il te faut juste un bâton et des feuilles de couleurs différentes et ensuite, à toi de trouver l'endroit où tu pourras les poser et faire une belle photo avant de les laisser…

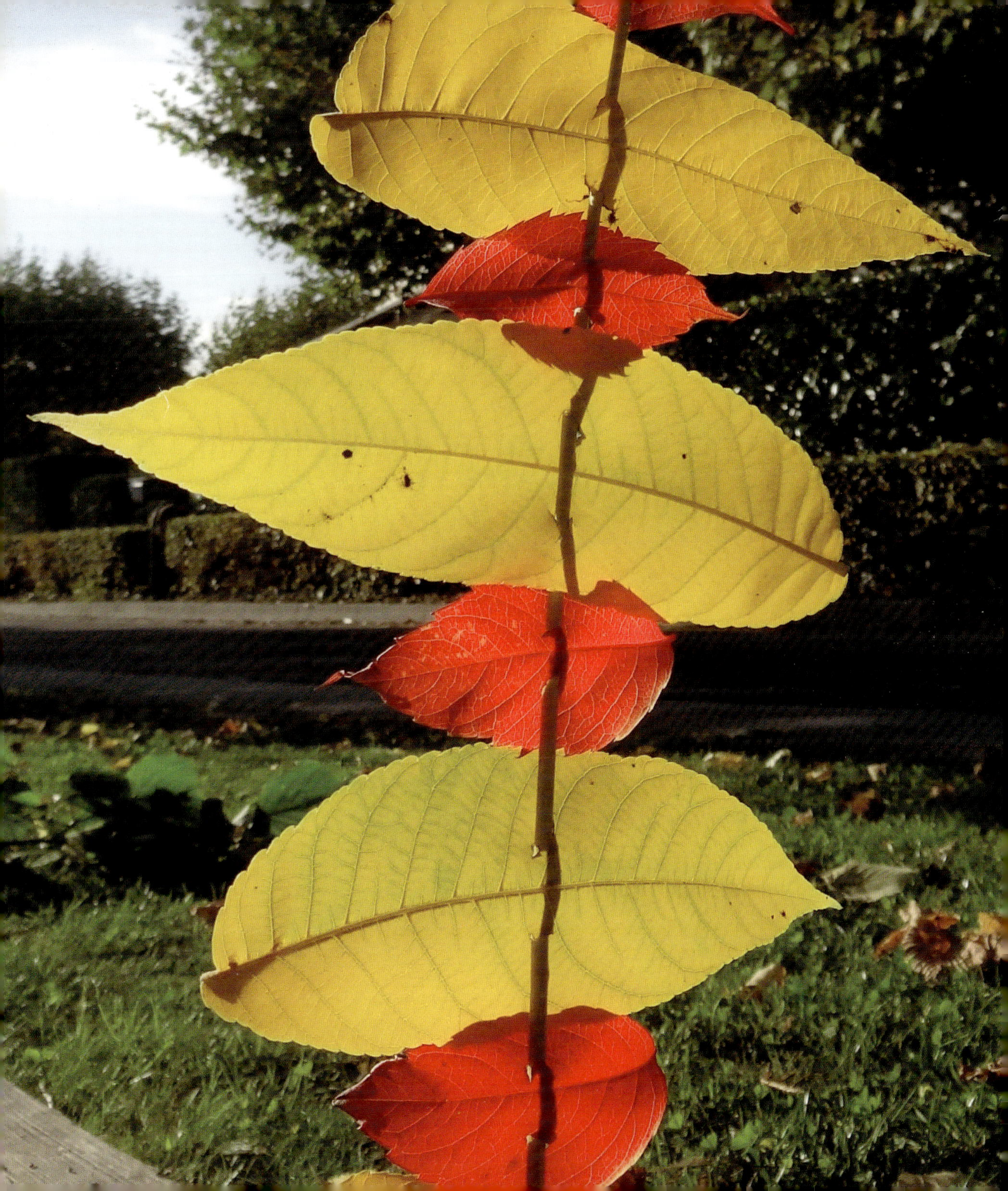

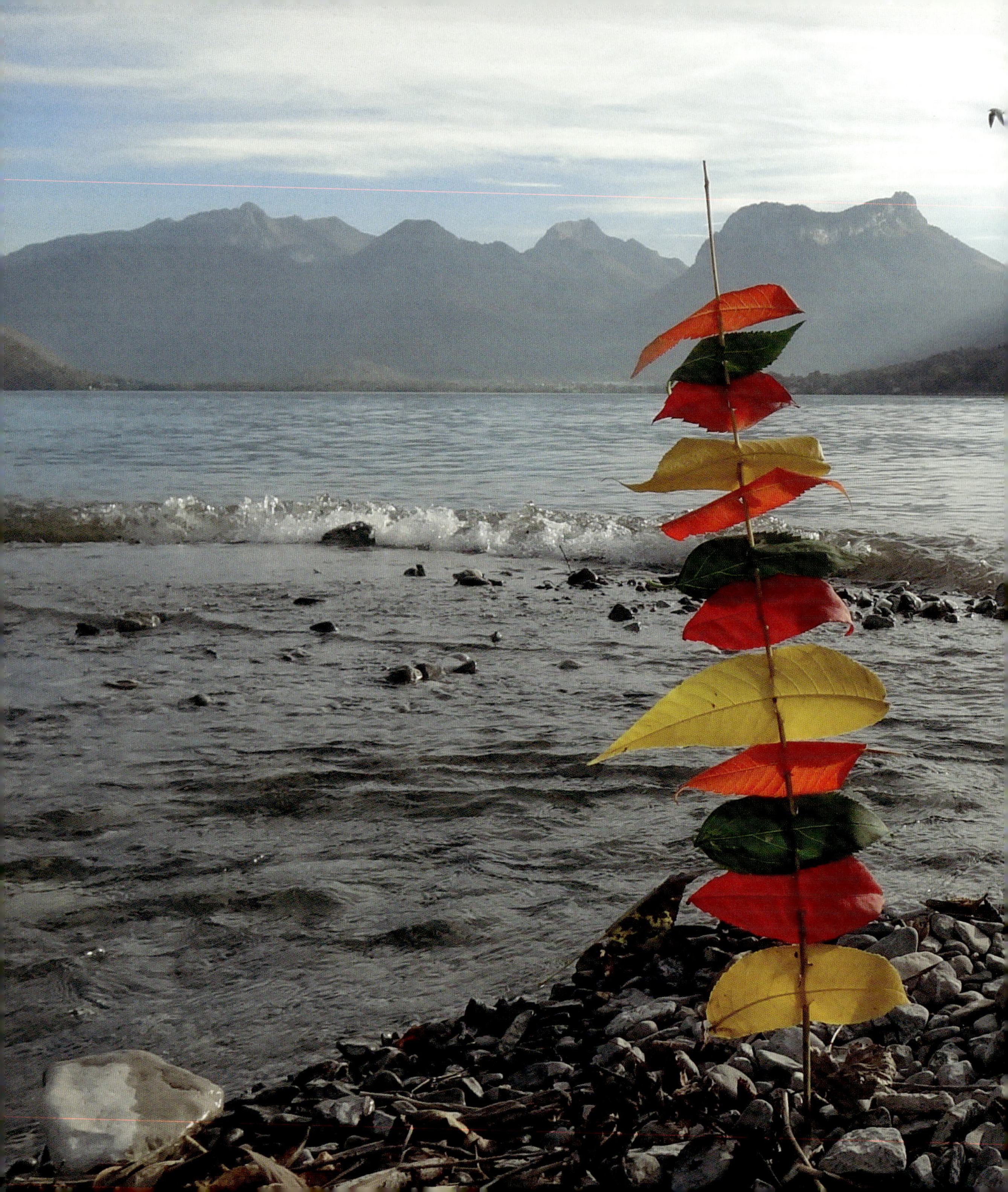

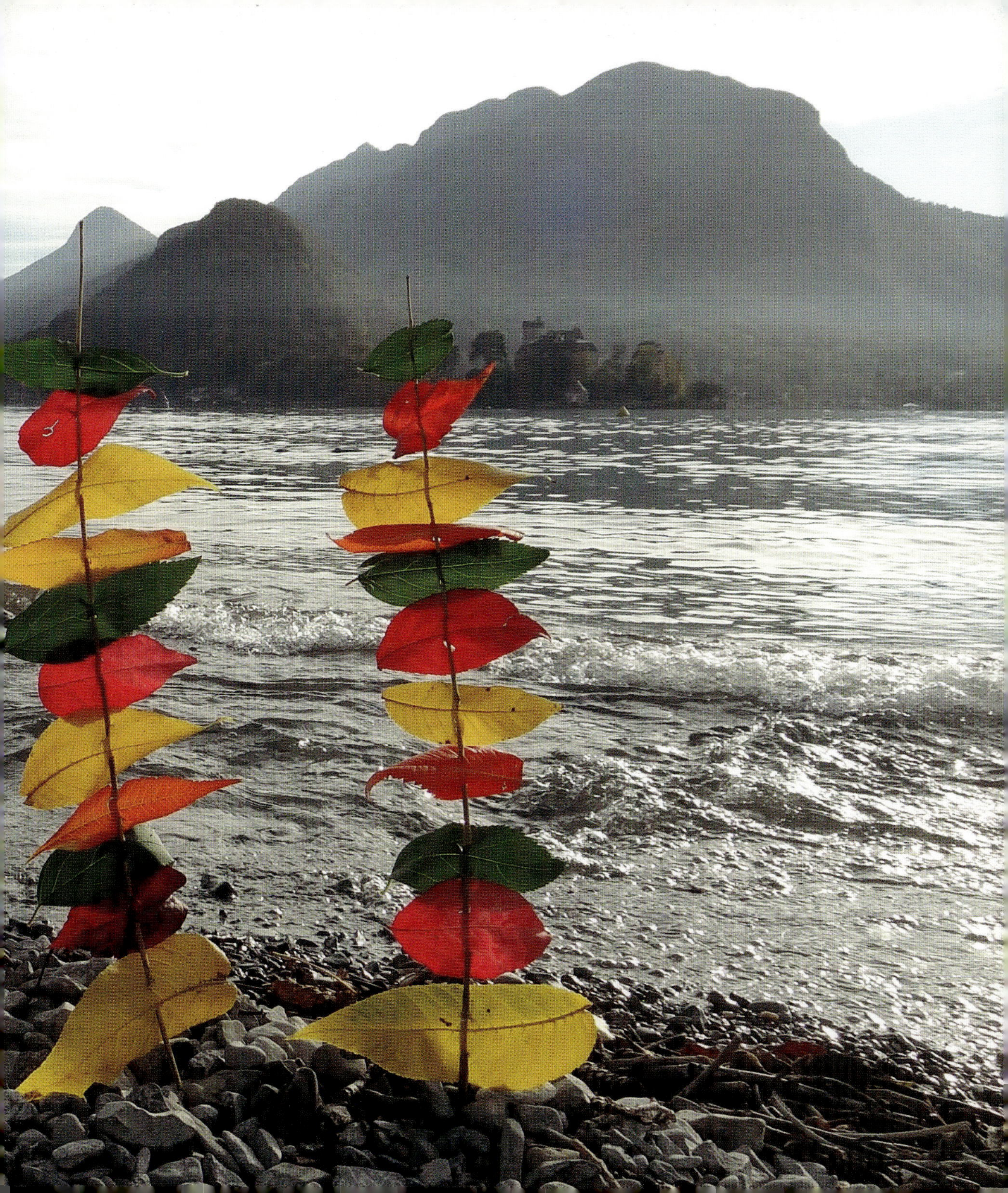

LE TAPIS DE **LA FORÊT**

Dans le livre *Artiste de plage*, il y avait le paillasson de la mer avec les boules de posidonies. Voici celui de la forêt avec des bogues de châtaignes… Attention, ça pique les doigts ! Tu pourras essuyer tes chaussures avant de rentrer à la maison !

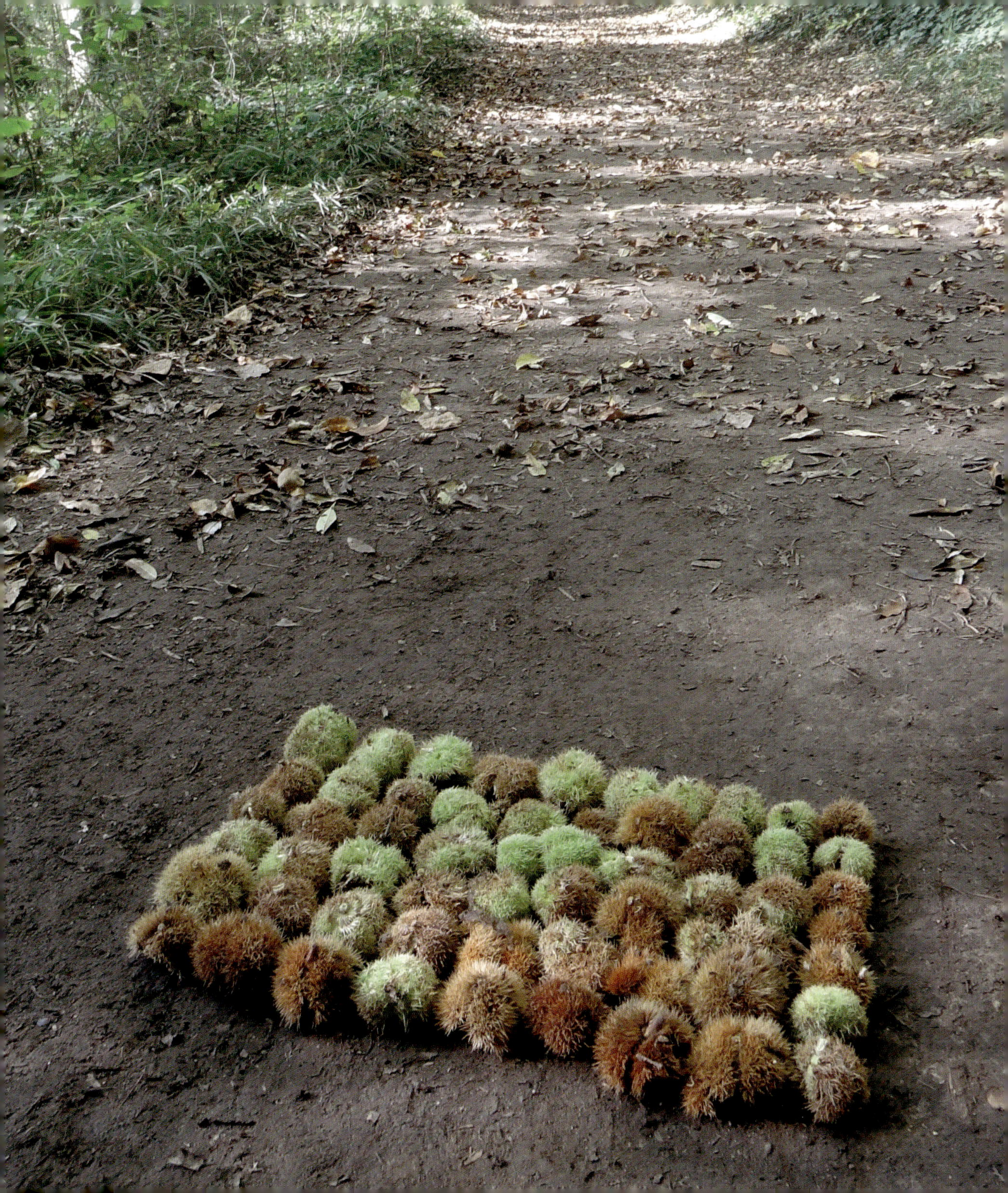

LES **SPIRALES**

Les spirales, c'est ce qu'il y a de plus facile à réaliser,
on commence par le centre et on tourne.
Tu peux utiliser différentes pommes de pin,
des graines ou des feuilles.
Tu peux laisser ta spirale en place pour le plus grand
plaisir des passants qui découvriront ton œuvre.

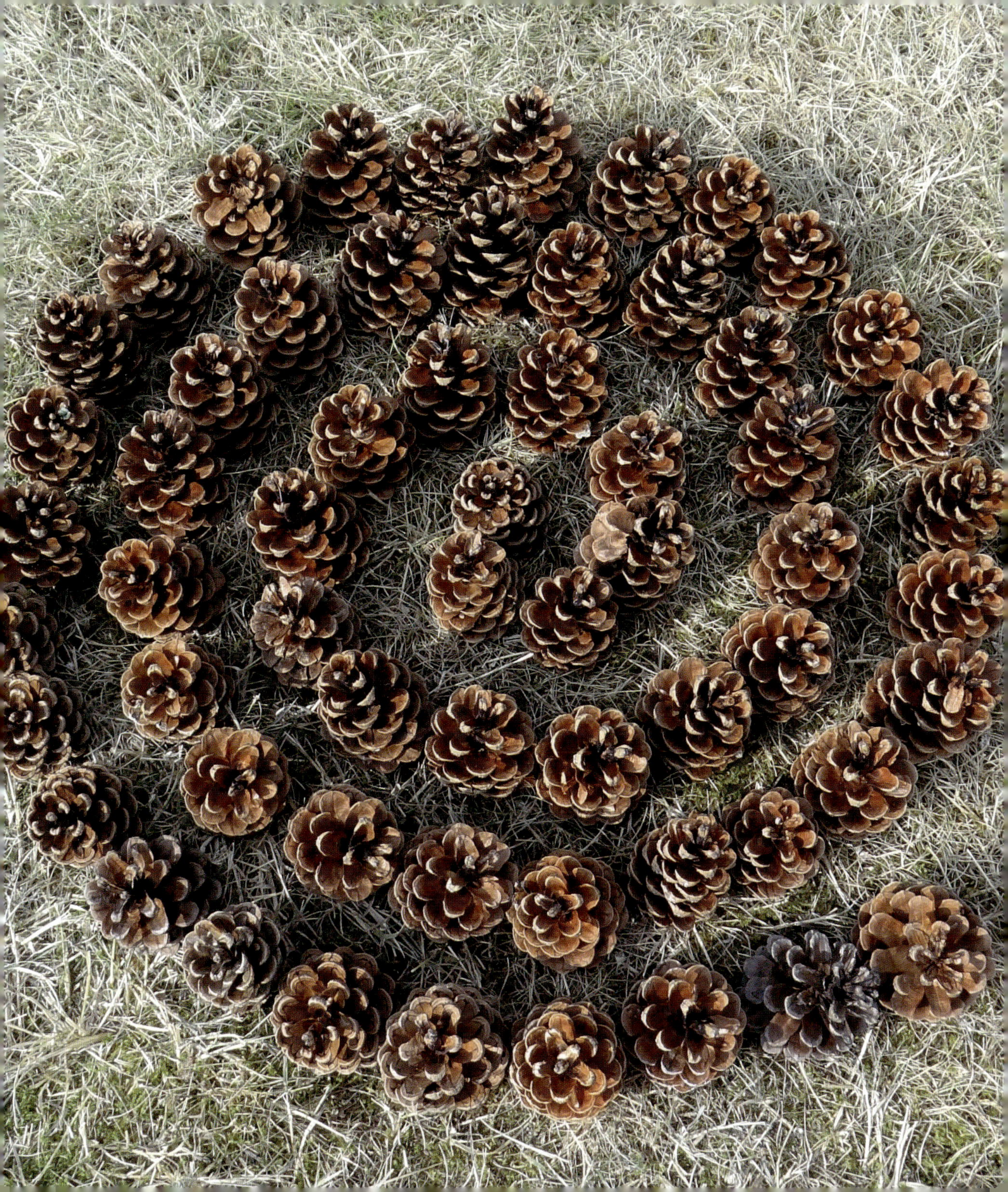

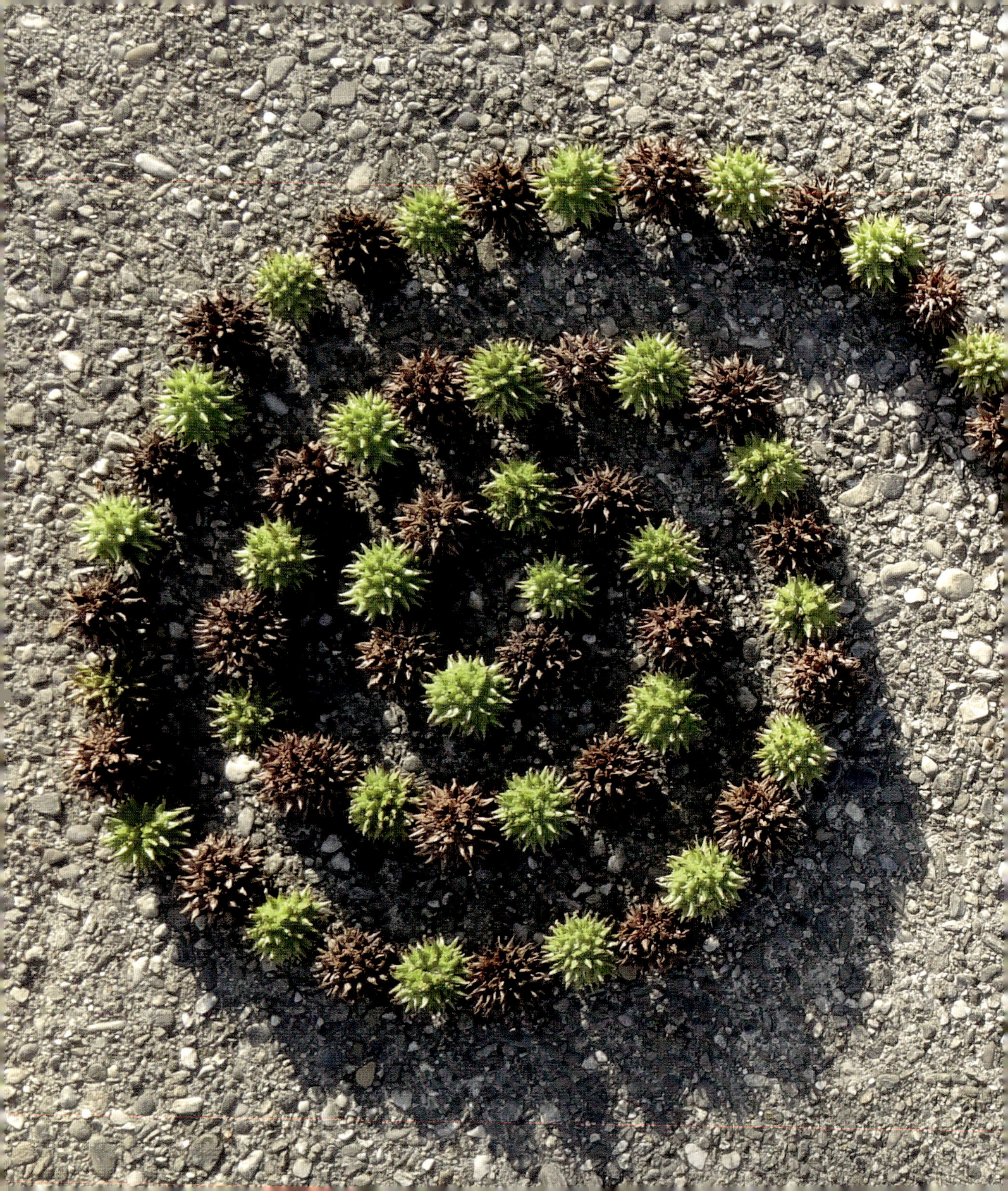

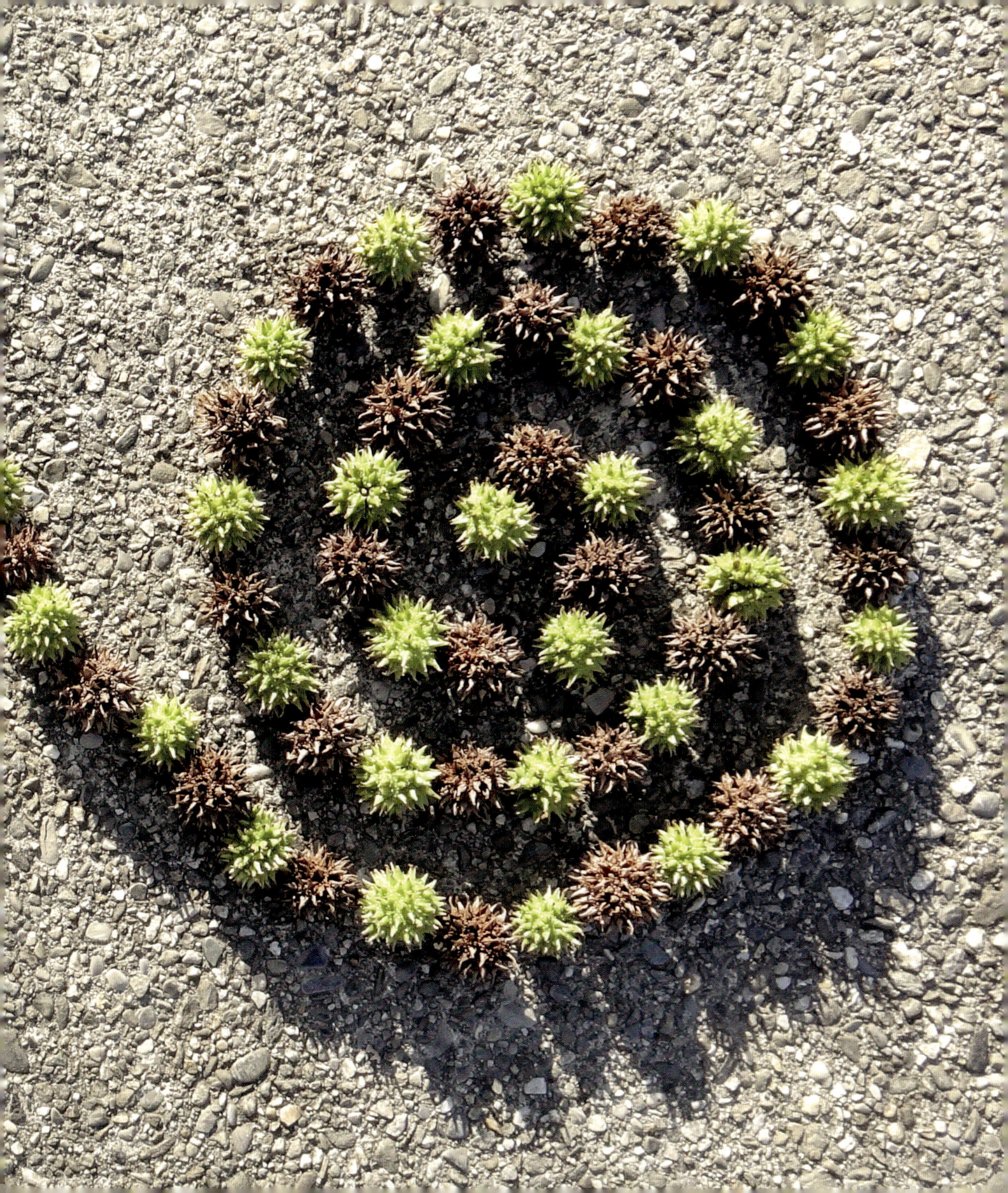

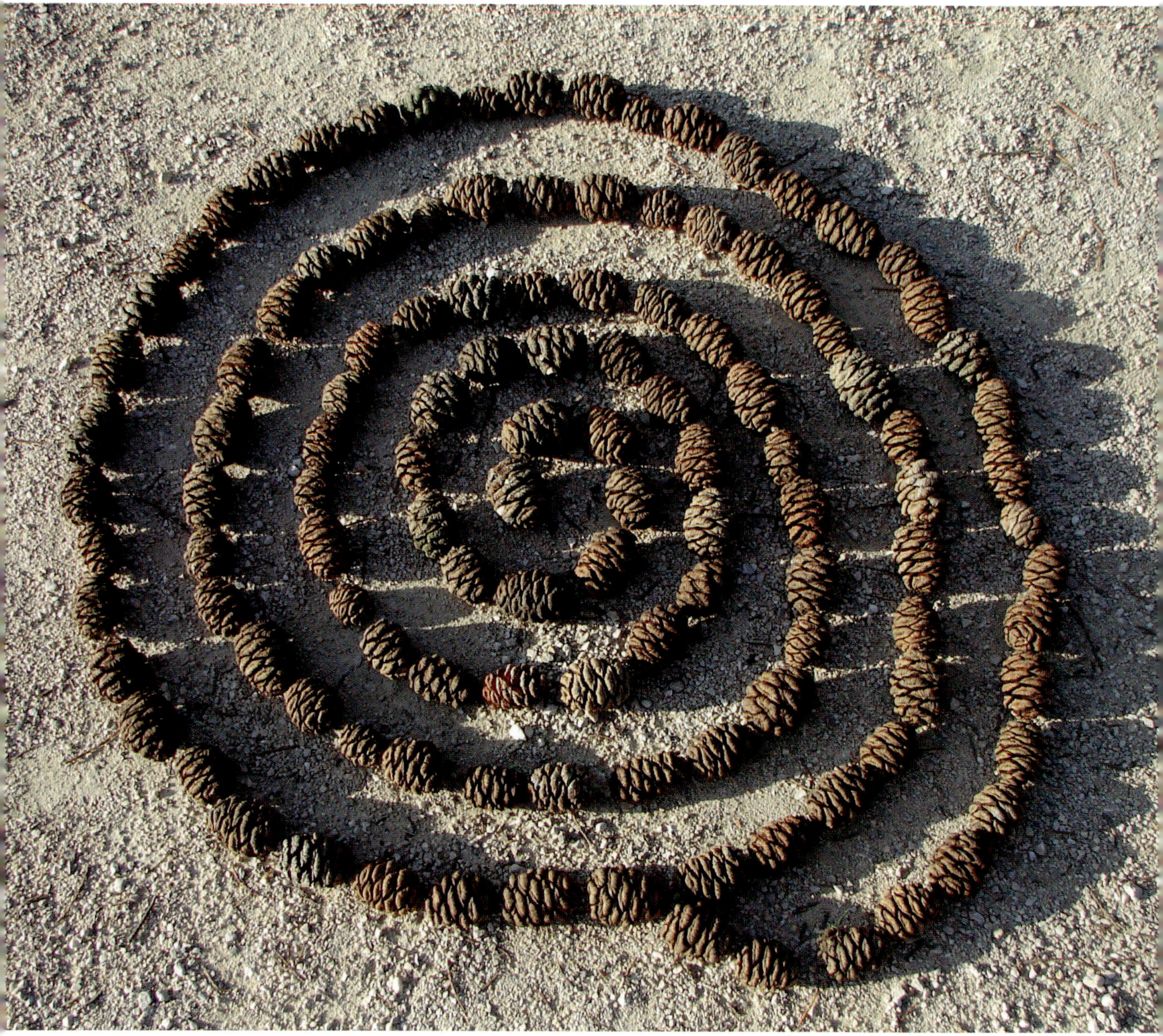

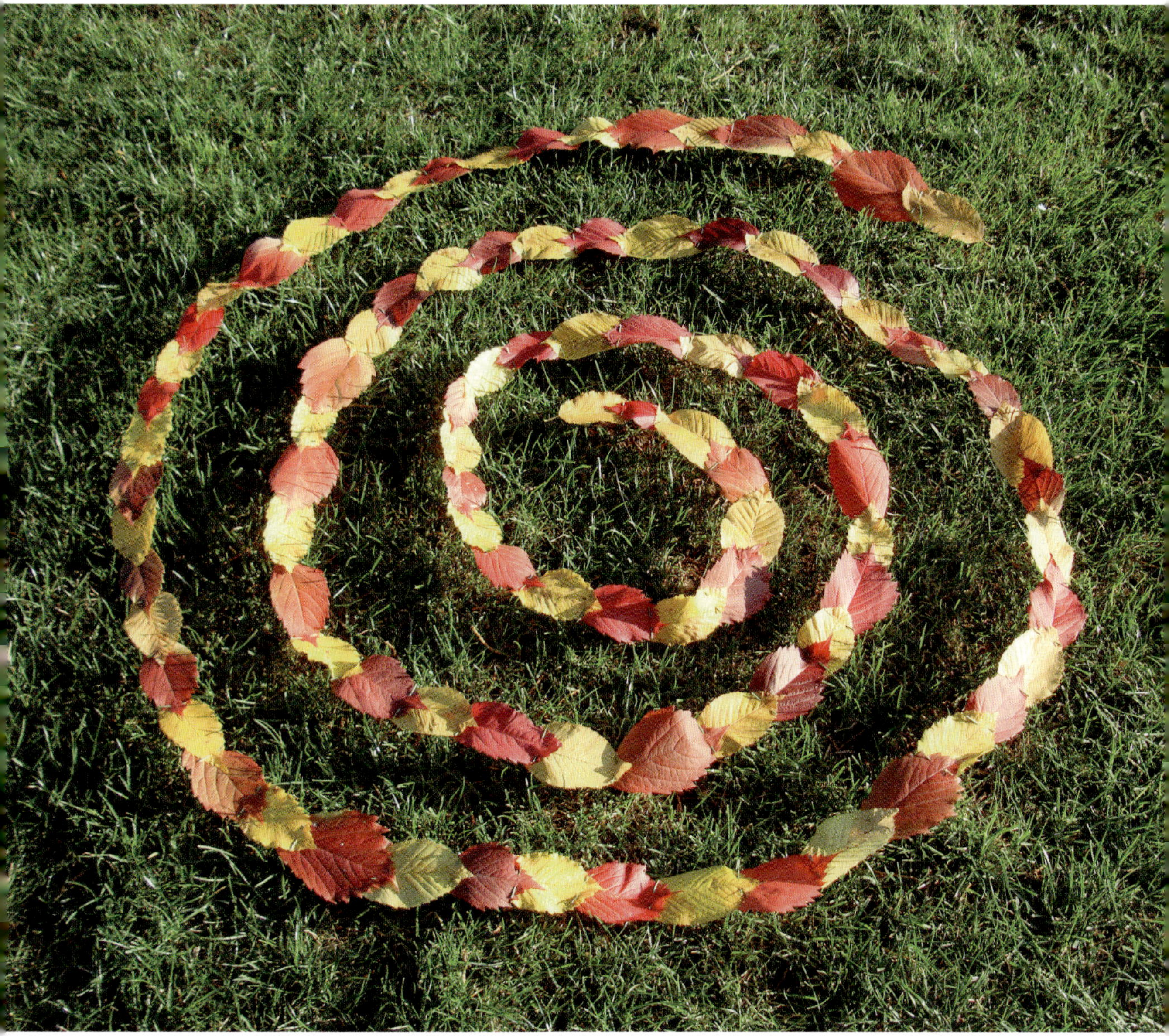

LES **RACINES**

Un jour pendant les vacances de la Toussaint,
j'ai proposé aux enfants de rassembler toutes
les pommes de pin qui étaient tombées par terre
et nous avons ajouté des racines à cet arbre…
Nous nous sommes bien amusés, c'était chouette
de créer quelque chose tous ensemble,
une belle journée d'automne…

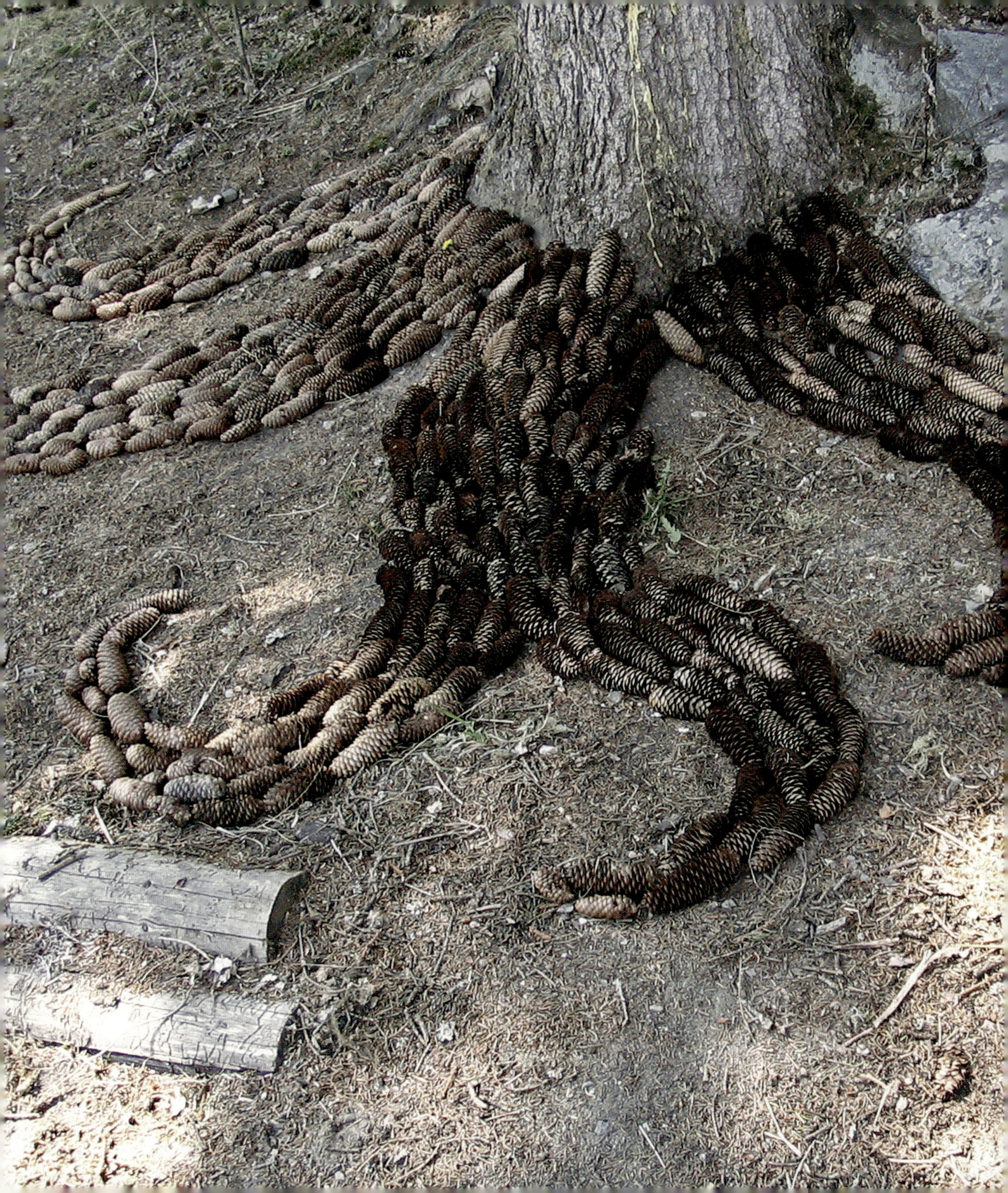

AUTOMNE

CHEMIN DE **FEUILLES**

Je suis partie en forêt avec un sac rempli de feuilles de ginkgo jaunes. Je les ai disposées en serpentin sur un tapis de feuilles mortes. Avec un râteau, j'ai retiré les feuilles mortes marron sur un côté de mon serpentin afin de souligner l'aspect noir de la terre, puis j'ai ratissé l'autre côté.

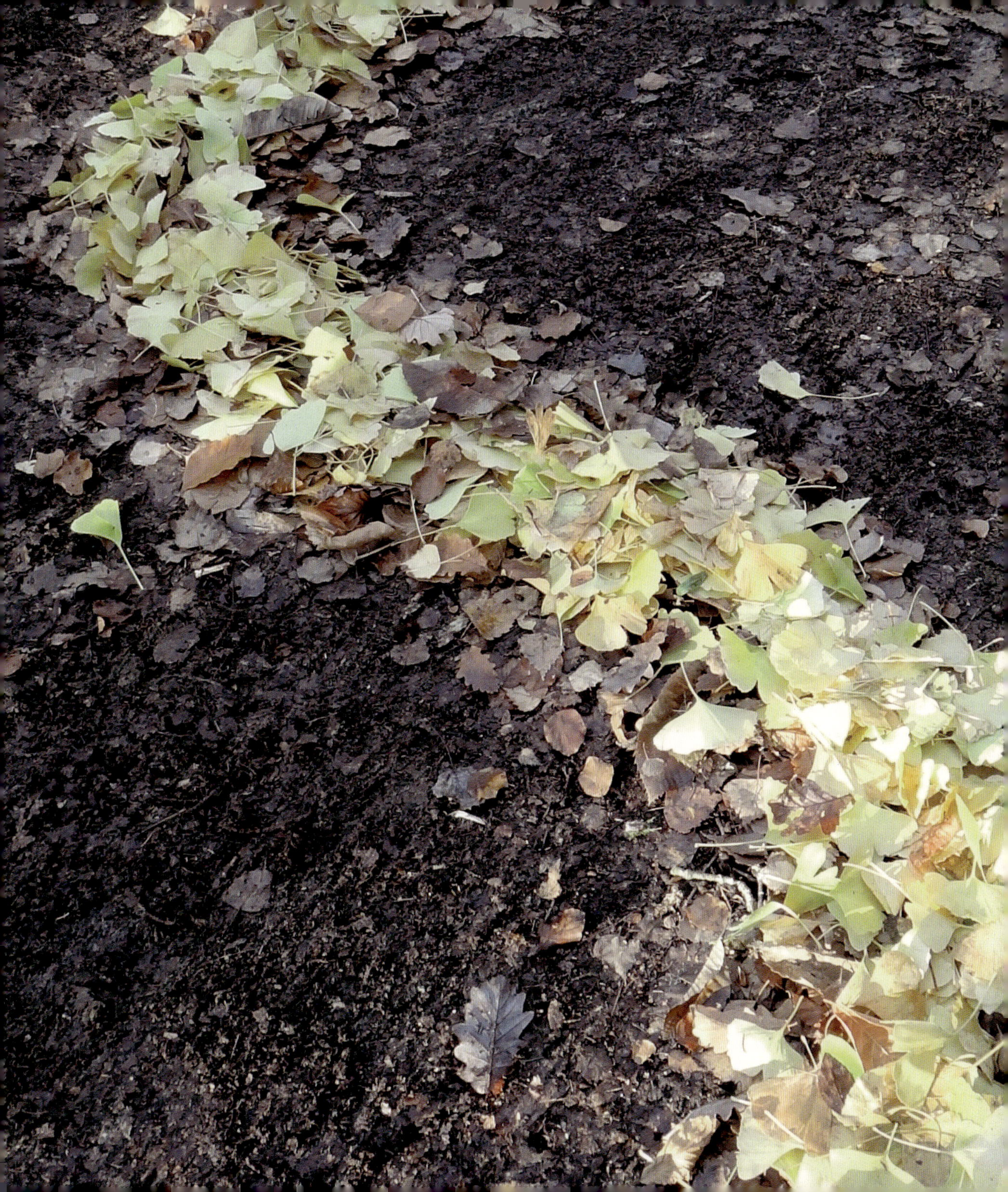

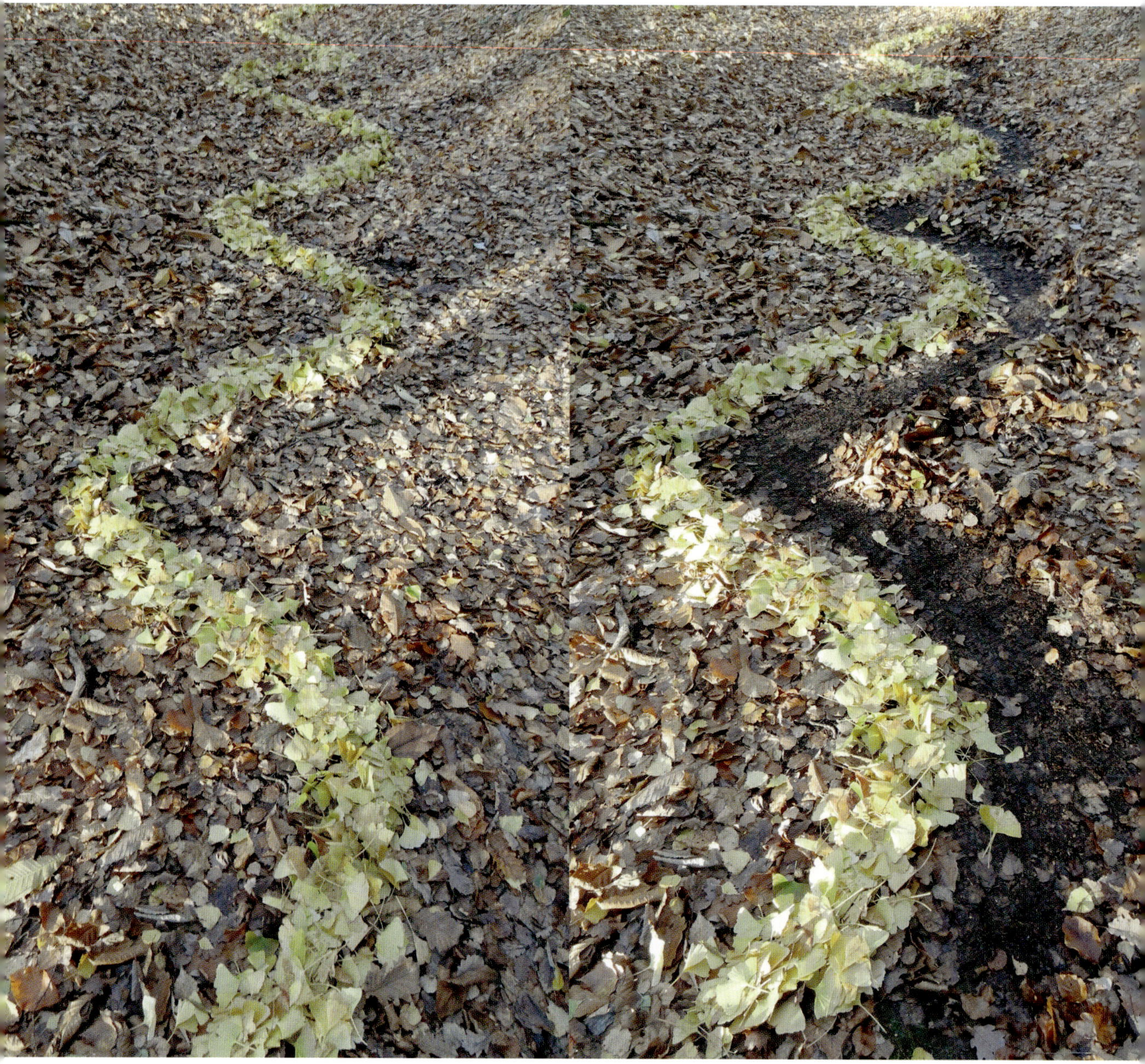

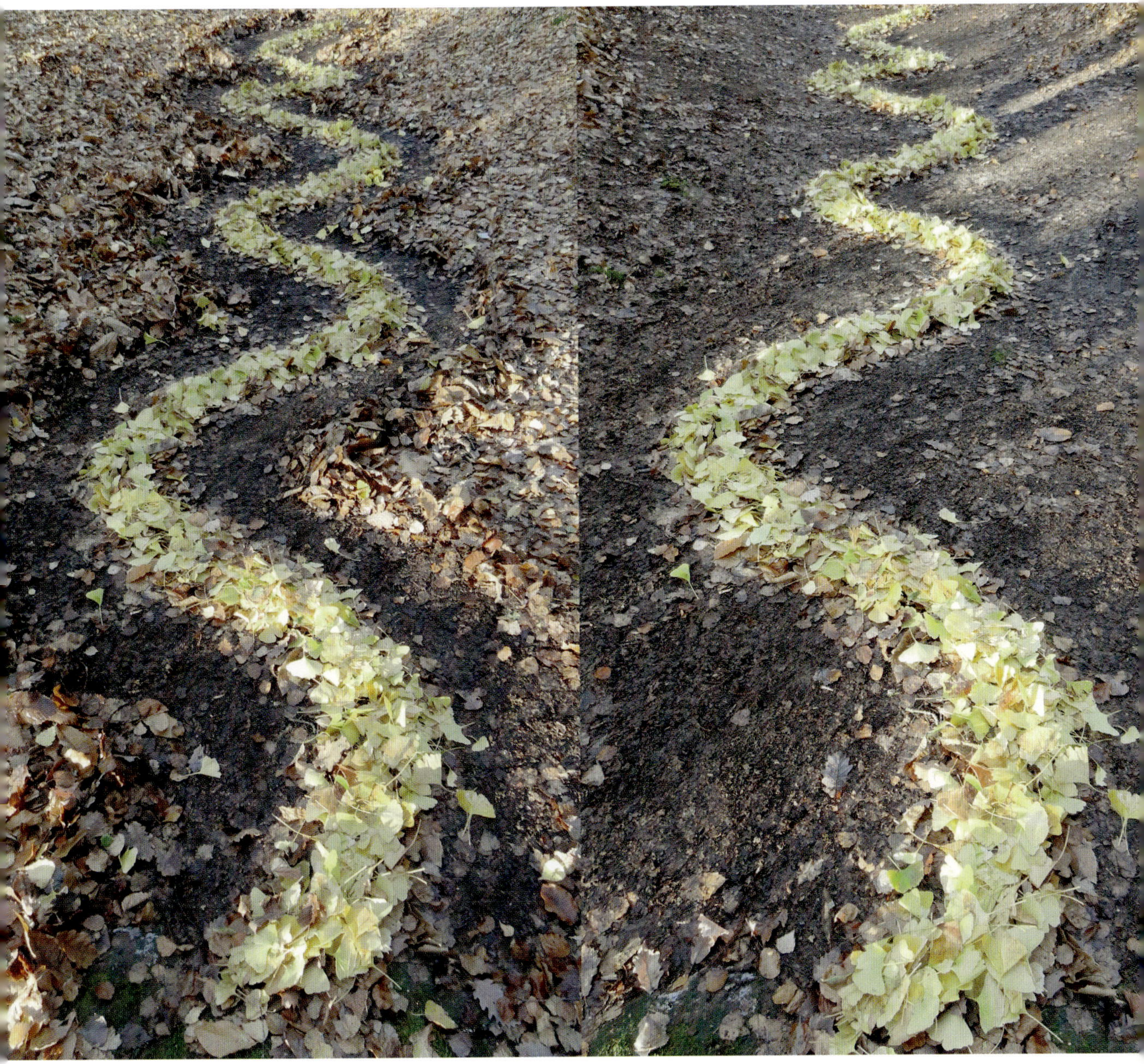

MIROIR, MON BEAU **MIROIR**

En me promenant dans la forêt,
j'ai trouvé que cette petite mare reflétait joliment
les arbres. J'ai d'abord un peu nettoyé le tour de
la mare, puis j'ai ramassé des feuilles encore vertes
et je les ai posées tout autour de la mare.
Voilà un beau miroir très nature !

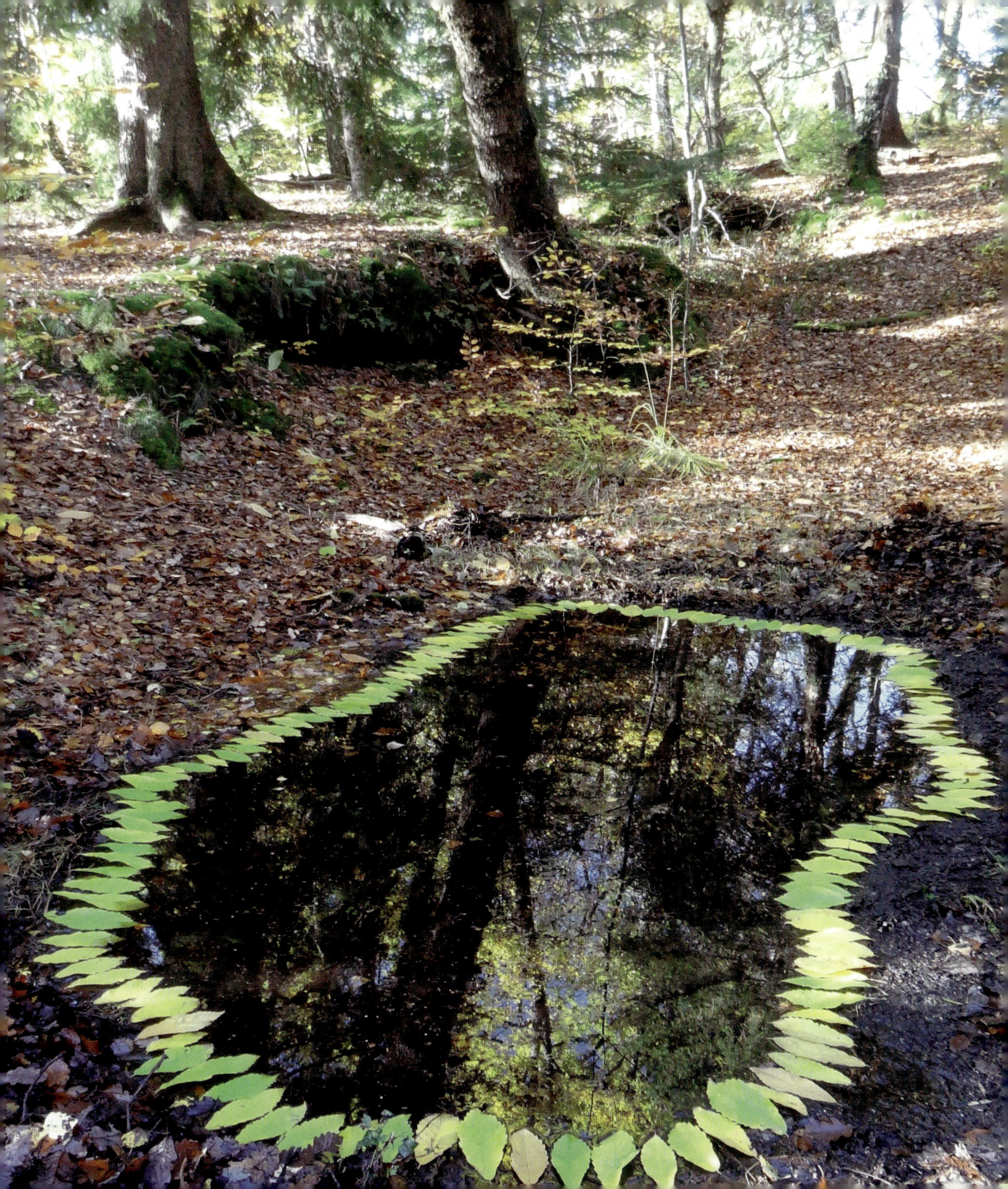

LES PIERRES DE LA **RIVIÈRE**

Au cours d'une balade au bord de la rivière, on a trouvé des pierres marquées d'une ligne blanche. On s'est tous amusés à créer des alignements intéressants. Ici, cela forme un triangle, mais tu peux aussi construire de grandes lignes en disposant les pierres les unes à côté des autres.

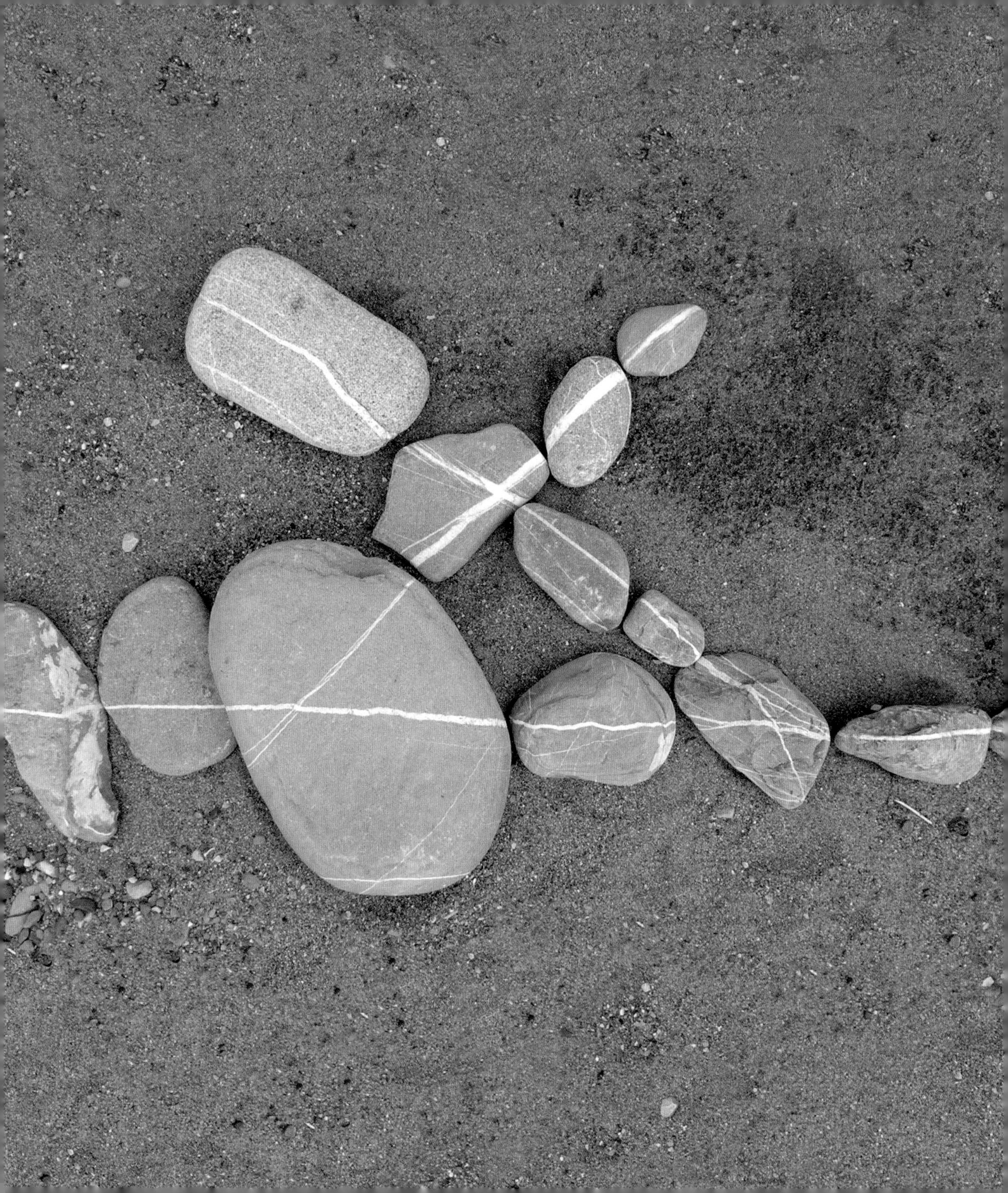

AUTOMNE

LAISSER DES **TRACES**

Quand je me balade en forêt, j'aime laisser des traces. Comme une petite fée, je dépose à différents endroits des graines que j'ai ramassées. Un jour, des personnes m'ont surprise en train de poser les petits bâtons dans les trous du mur et m'ont demandé si j'avais installé un parcours dans la forêt… L'idée d'essayer de retrouver les traces de mon passage leur plaisait.

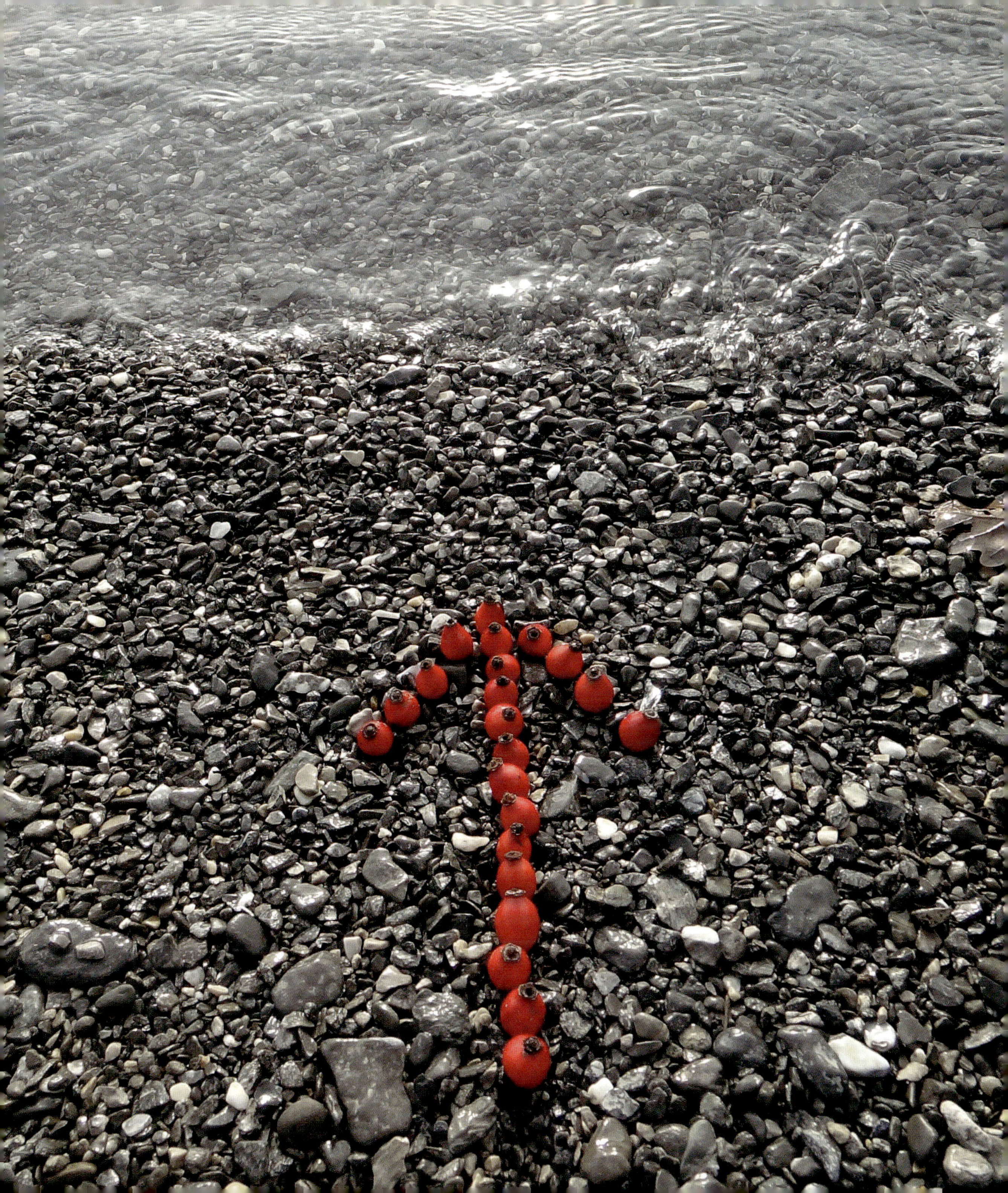

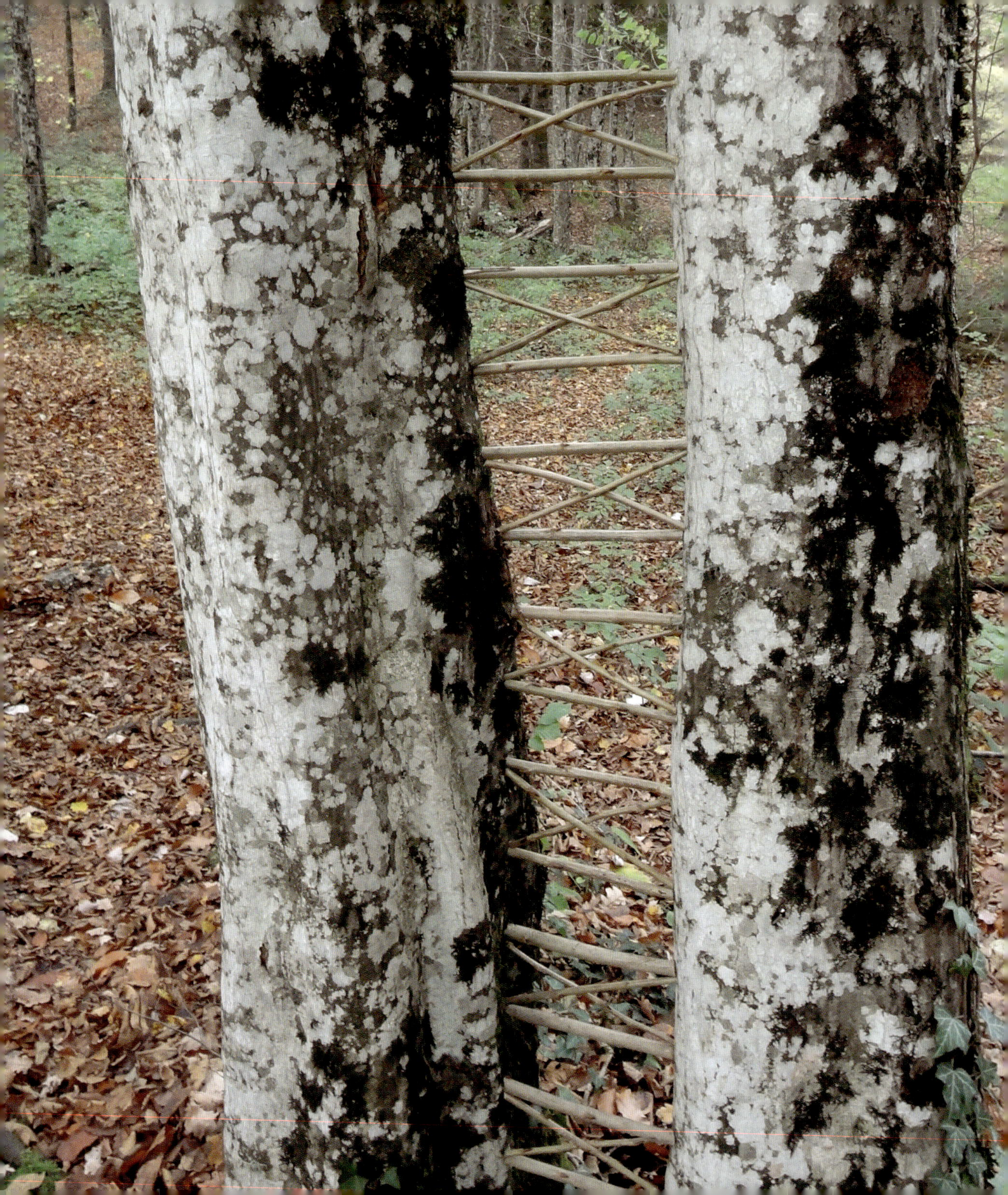

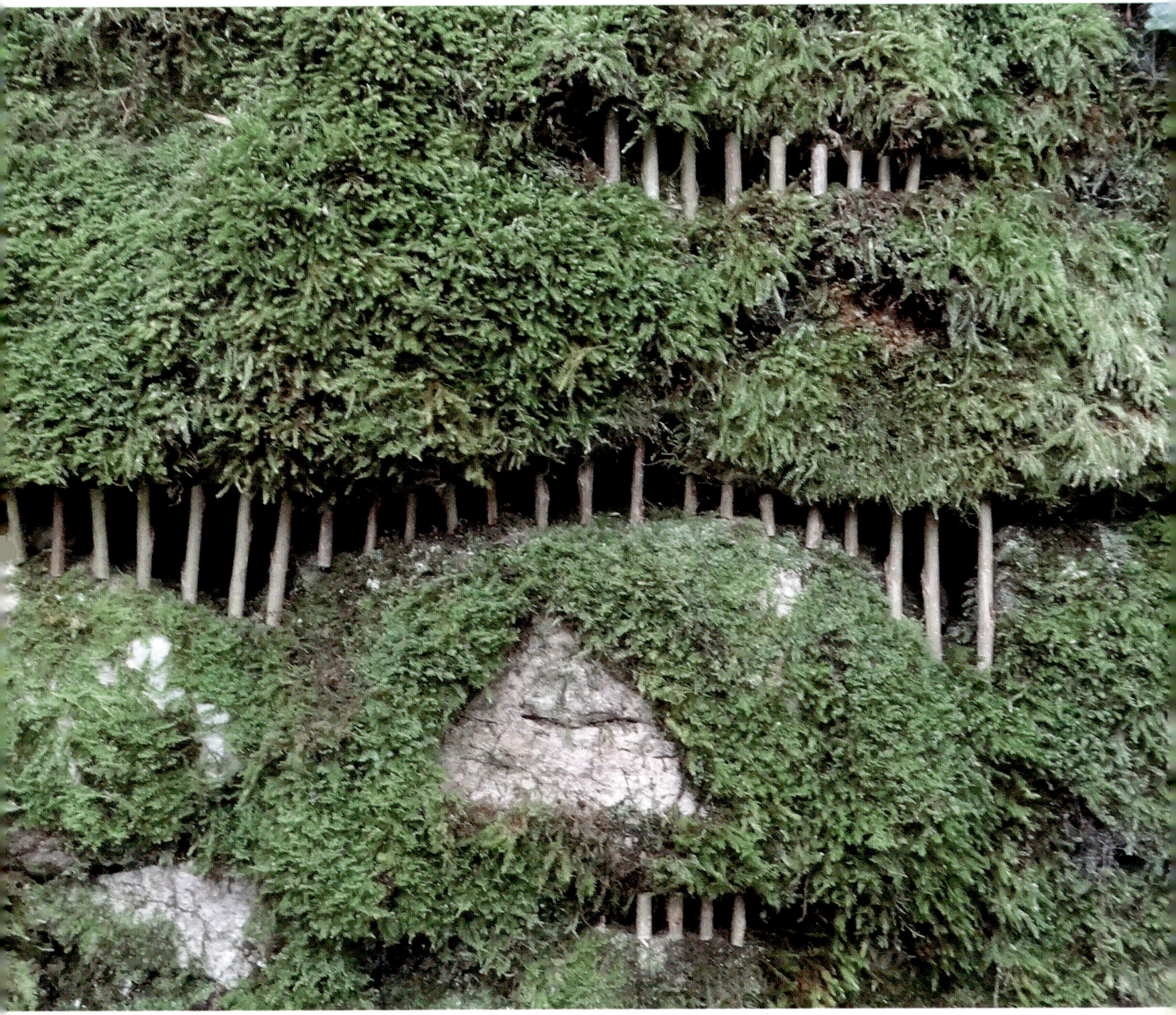

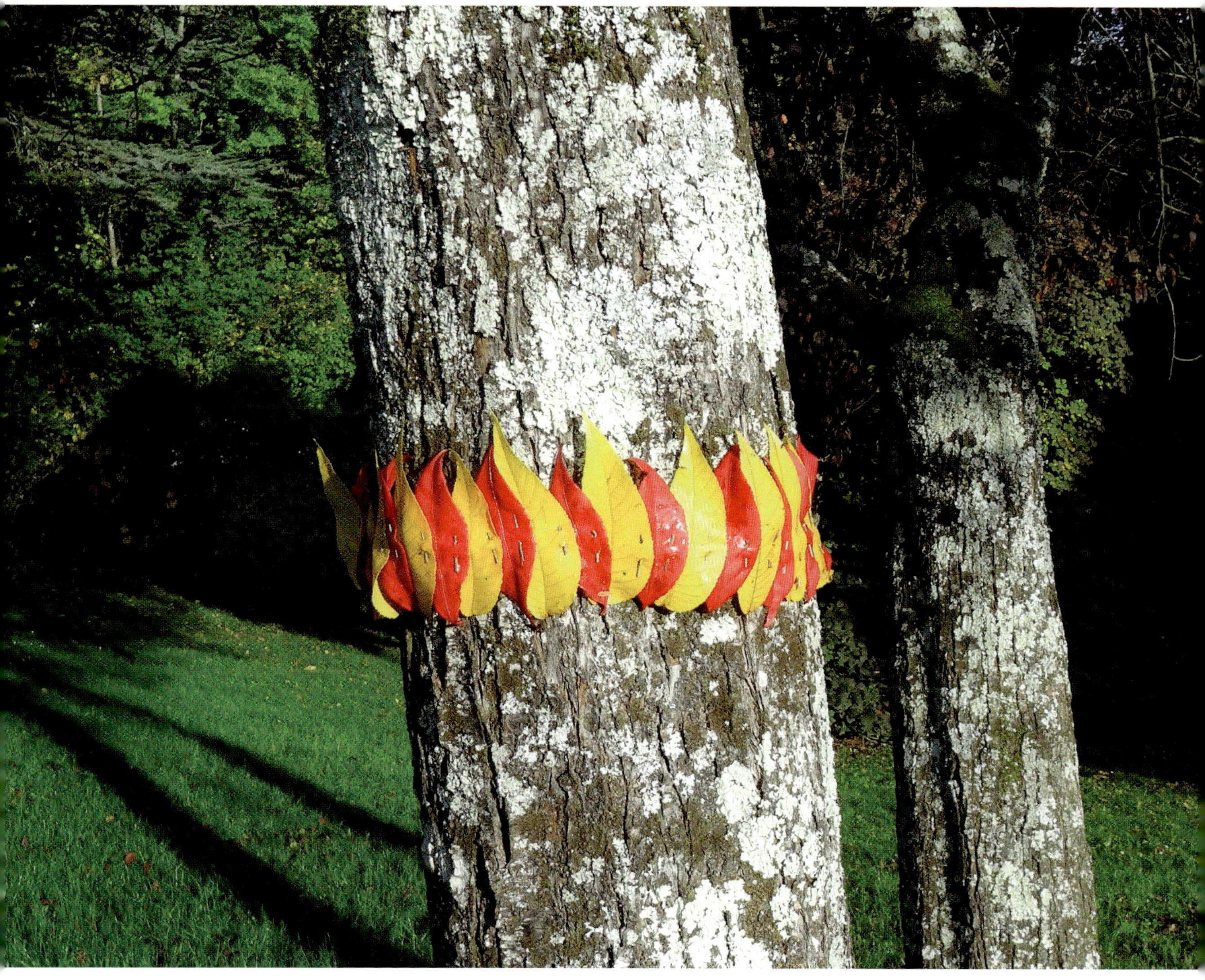

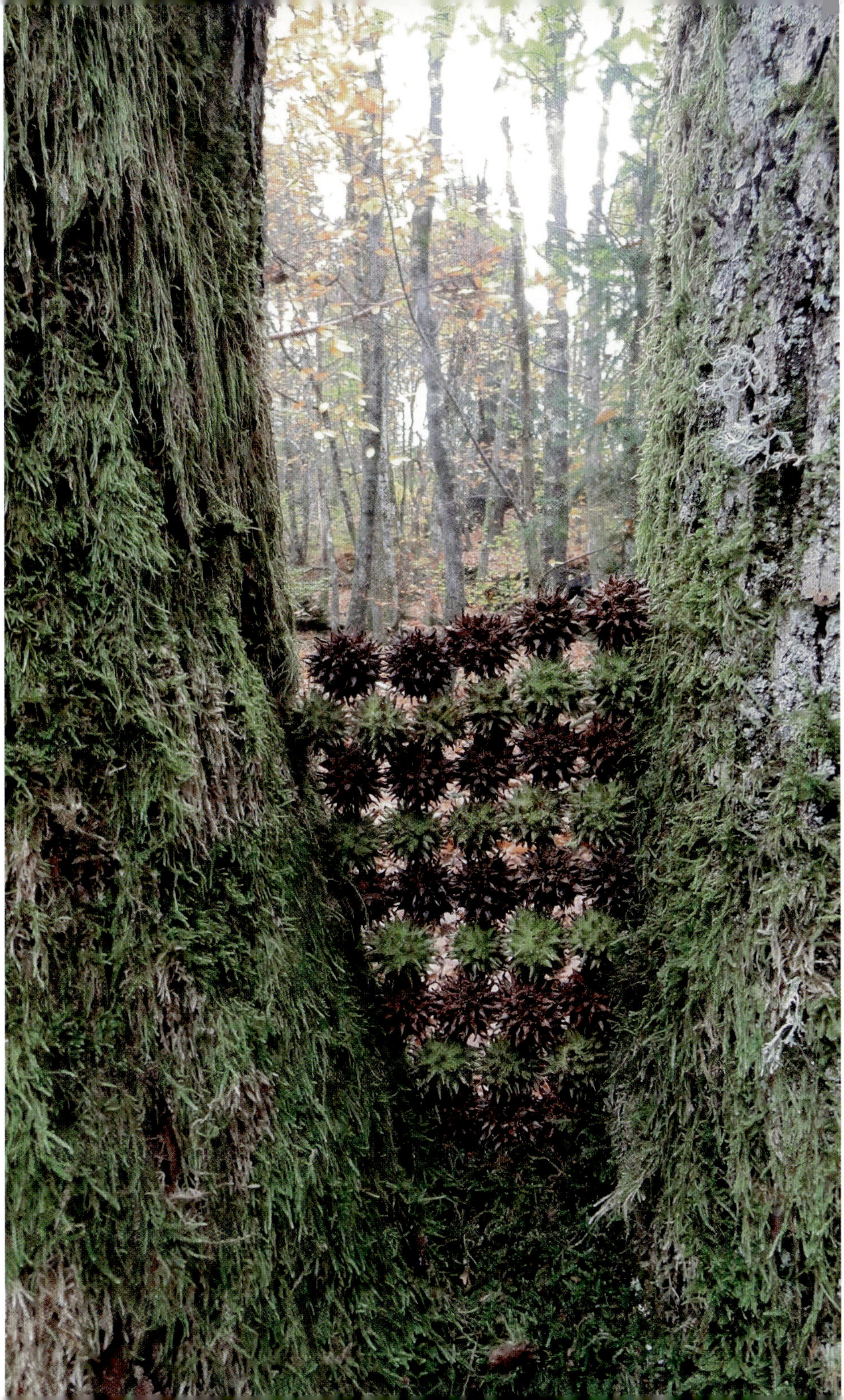

LES **MARRONS**

Voici un jeu pour les plus petits.

Tu ramasses des marrons et tu les piques

avec une allumette (tu peux demander de l'aide,

car les marrons, c'est un peu dur).

Tu peux créer des animaux à poser dans le jardin,

comme cette girafe. Tu peux inventer aussi

des animaux qui n'existent pas

et dessiner des yeux sur le marron.

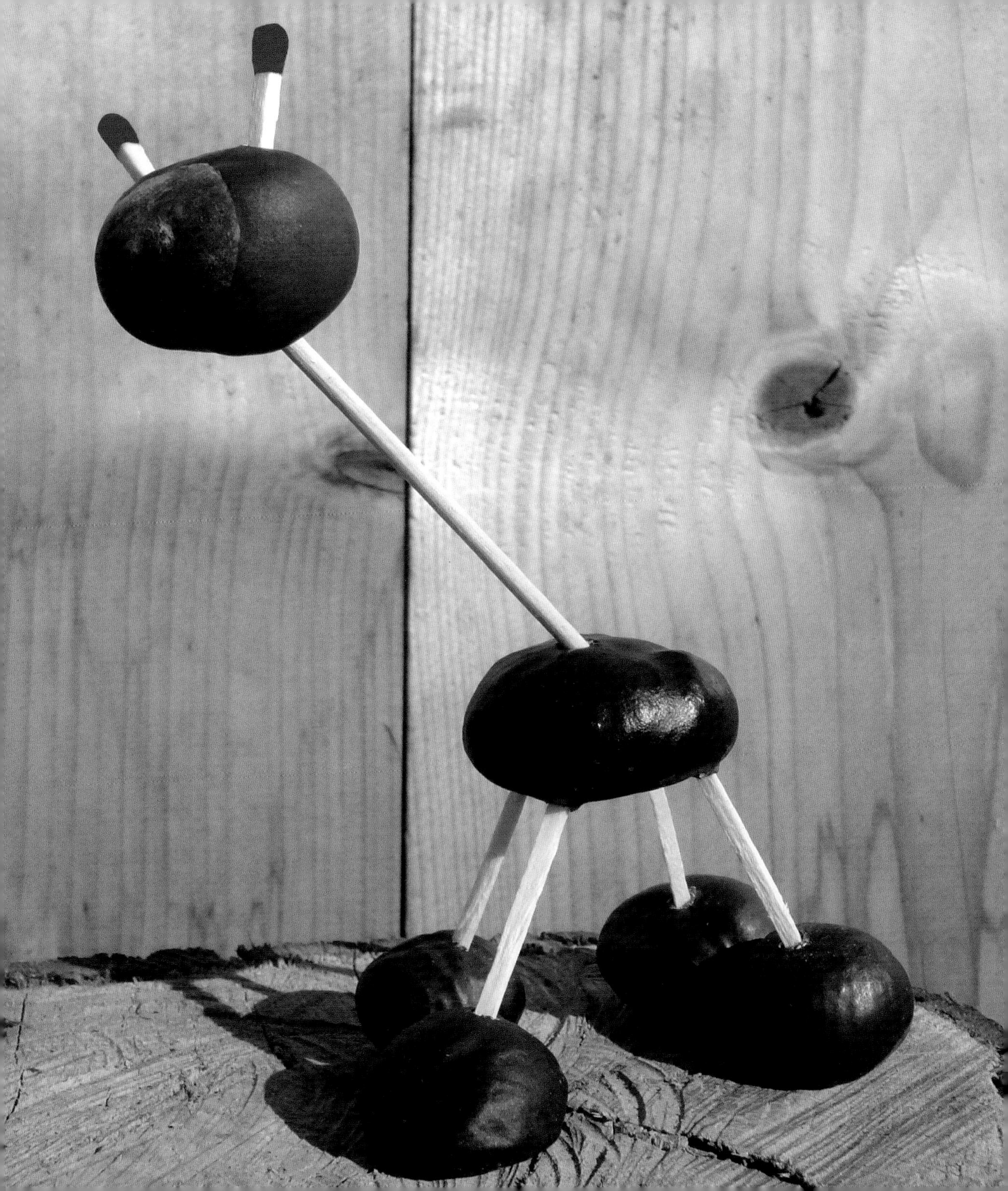

HIVER

BONHOMME DE **NEIGE**

L'automne, c'est aussi les premières chutes de neige. Et si tu faisais ton bonhomme de neige à l'envers ? C'est tellement plus rigolo ! Tu as vu le mien, il fait le poirier... Pour m'amuser, j'ai posé de drôles de cheveux sur mes bonshommes de neige, avec des plumes ou des stalactites, ça change, non ?

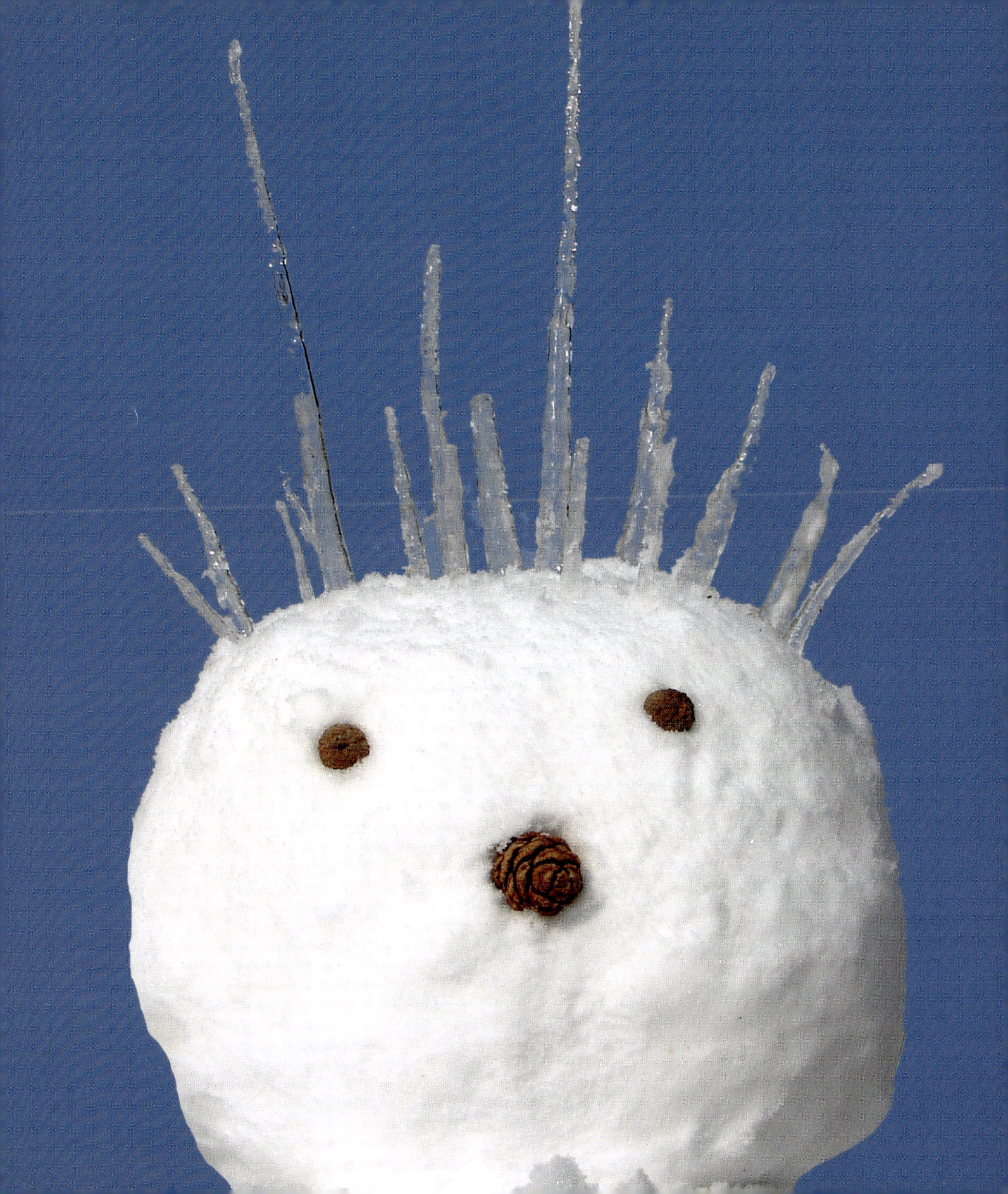

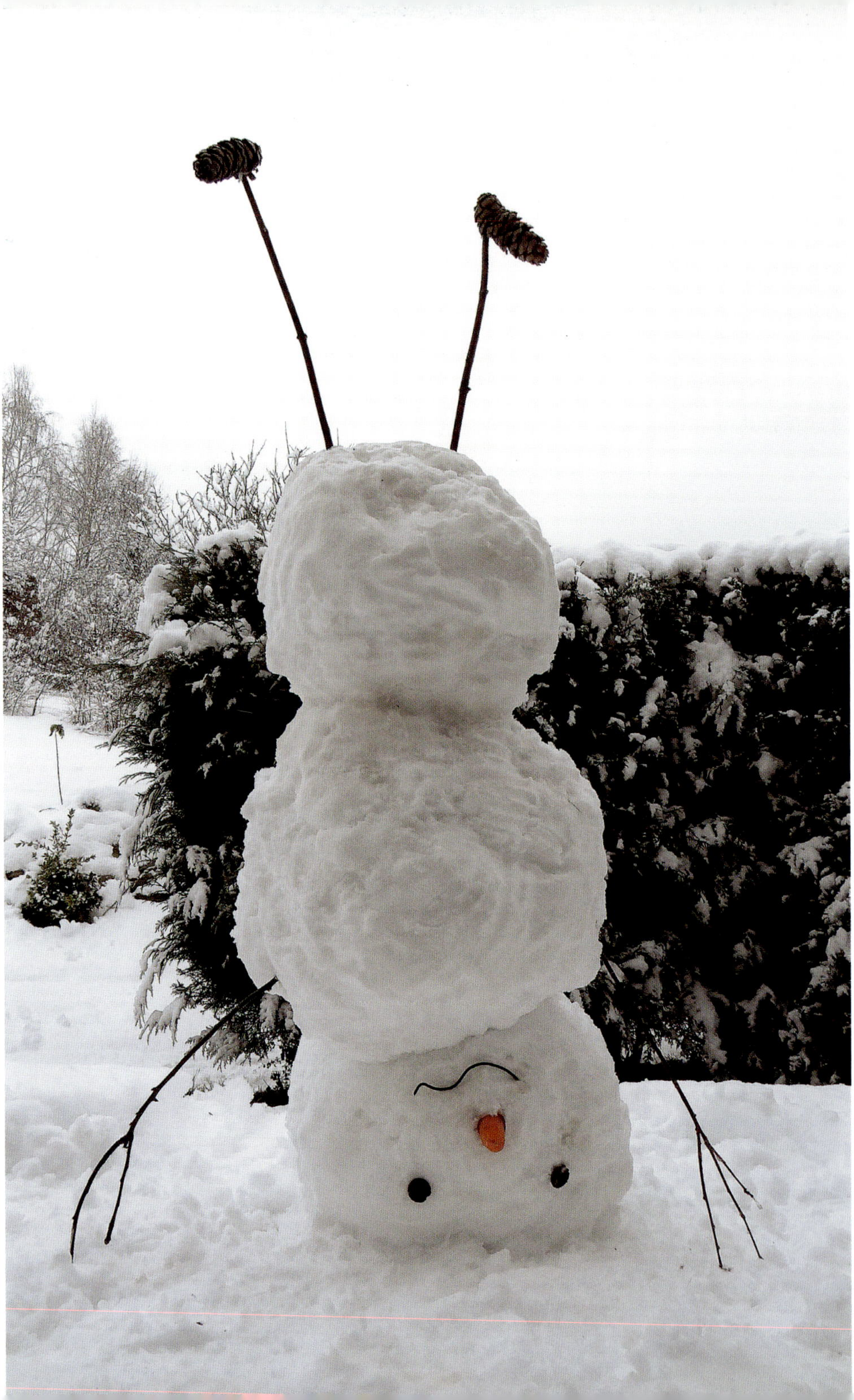

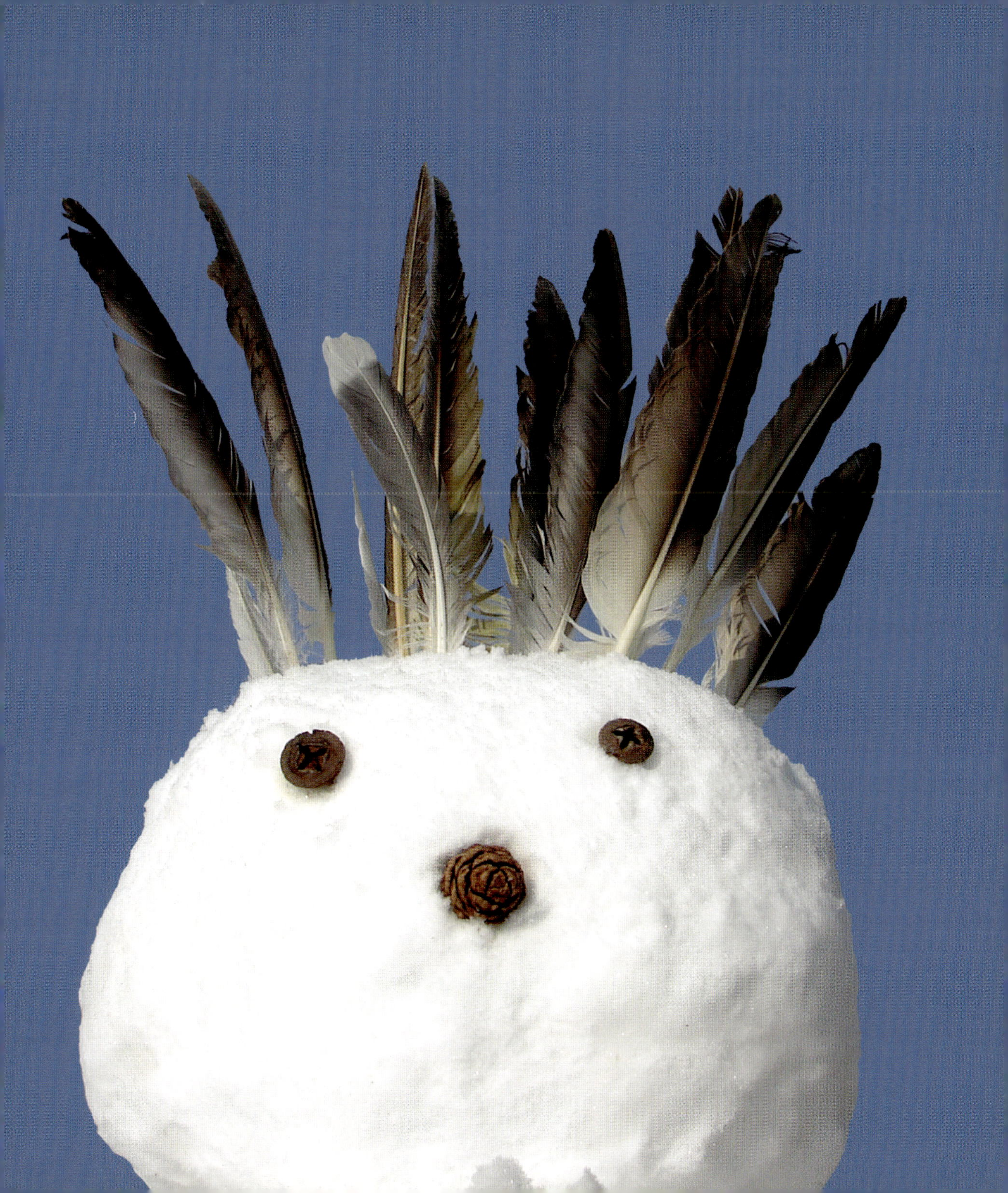

HIVER

DISQUE **GLACÉ**

Les disques glacés sont faciles à obtenir.
Il suffit d'un (ou plusieurs) récipient dans lequel, lorsqu'il fait très froid, tu laisses de l'eau geler pendant la nuit. Le lendemain, tu obtiens un beau cercle plus ou moins transparent.
Tu peux poser des feuilles dans l'eau, elles vont être prises dans la glace. Tu peux aussi laisser tremper une ficelle dans l'eau, la glace va l'emprisonner et tu pourras alors accrocher le disque à un arbre.

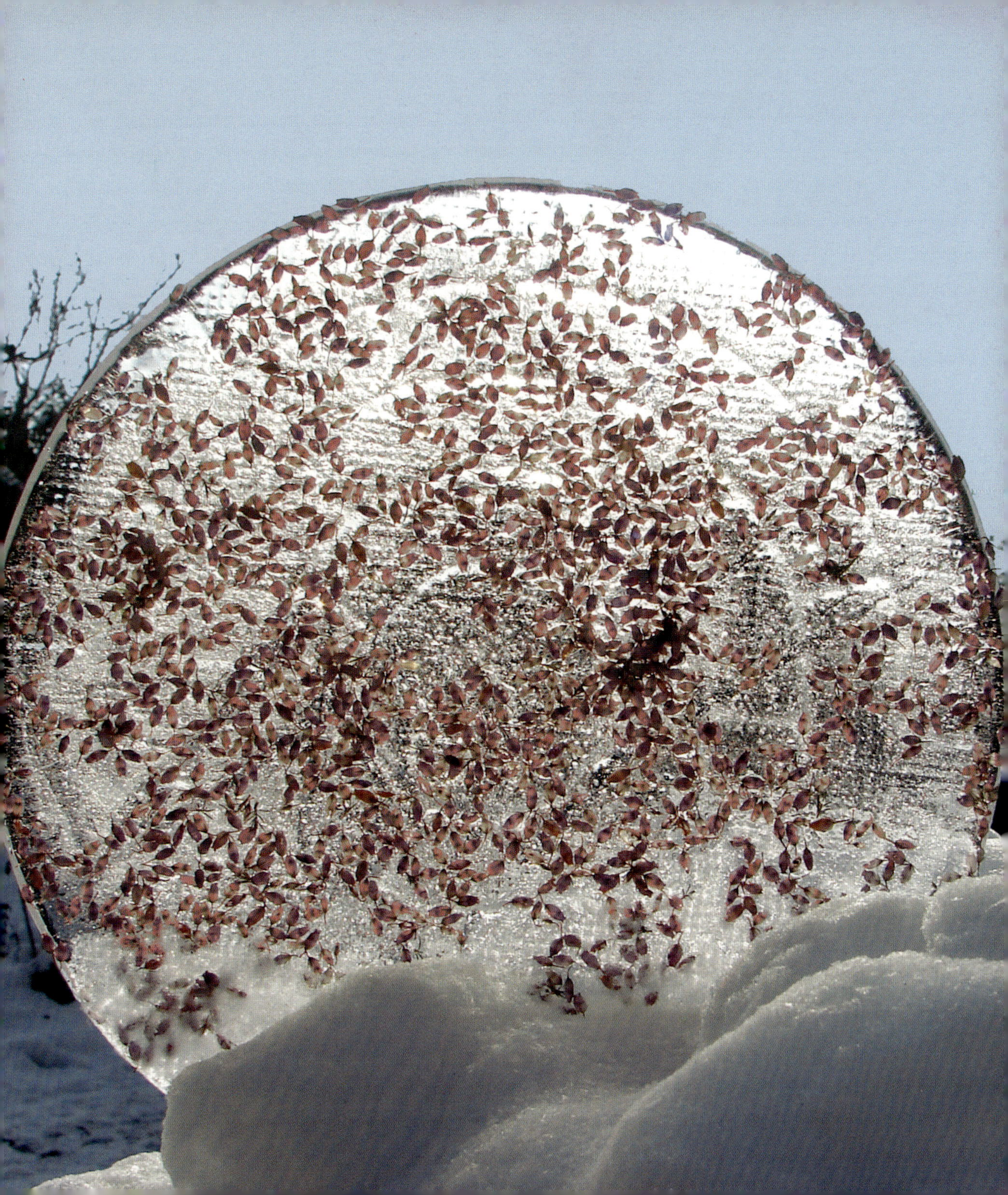

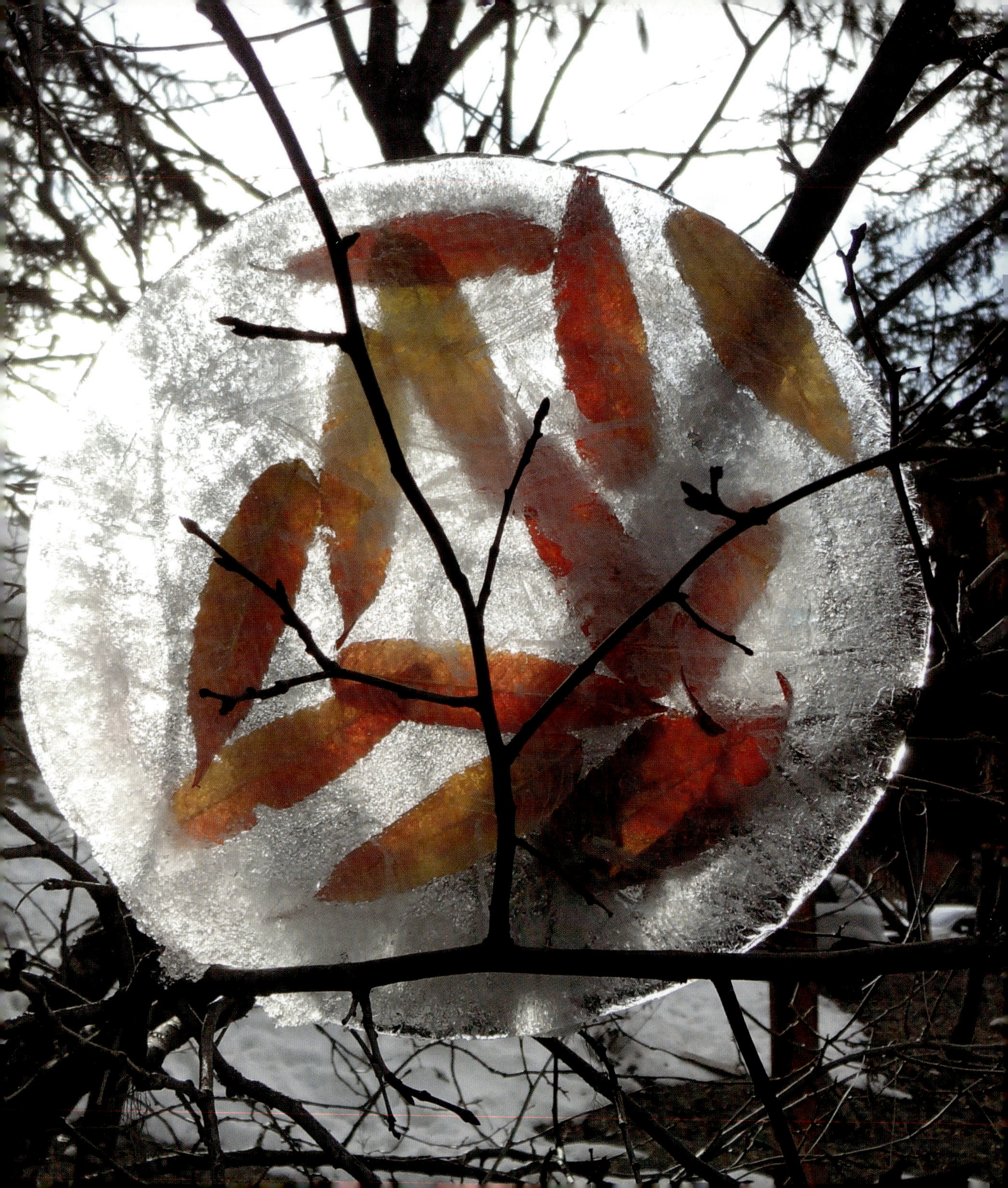

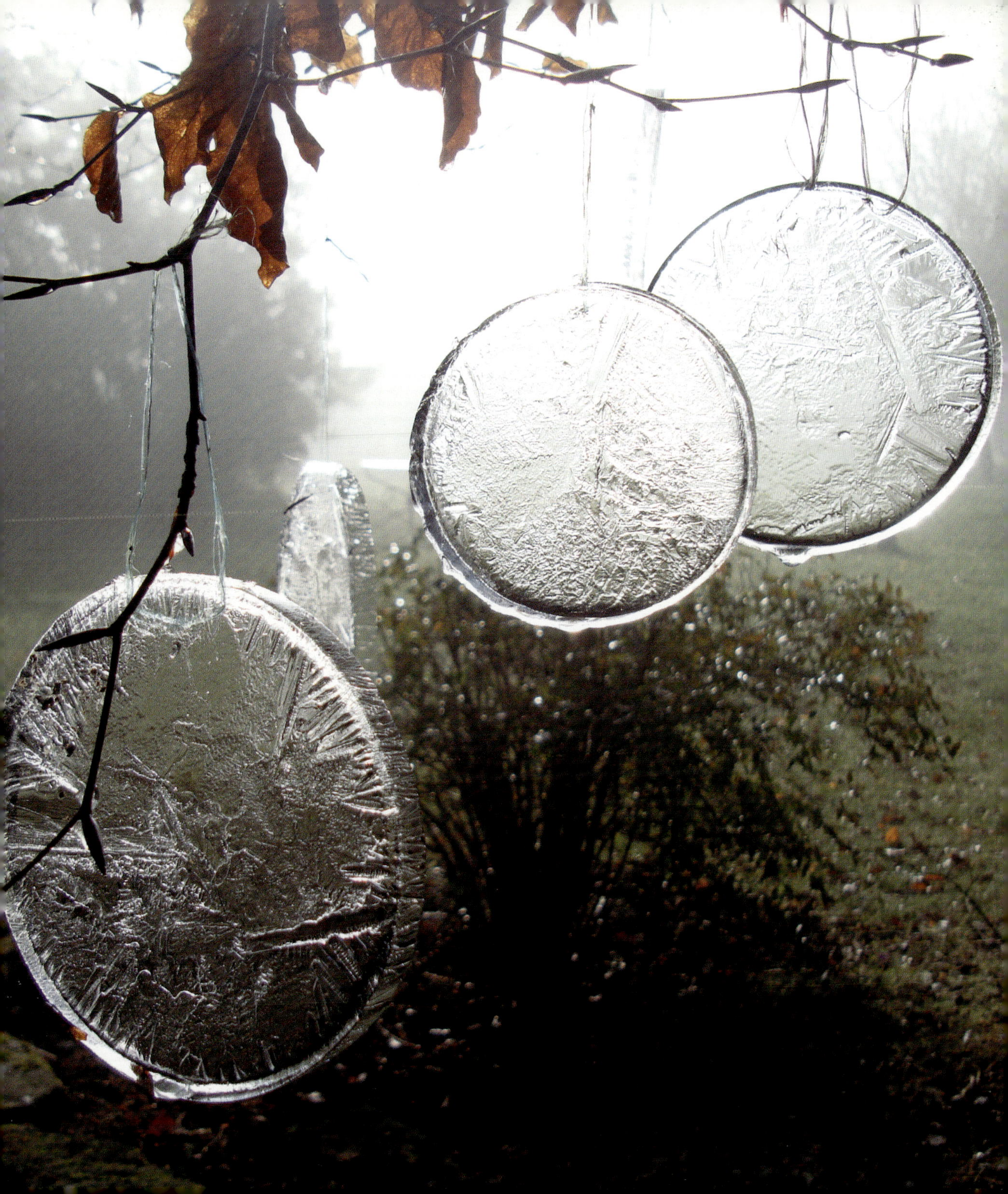

NEIGE DANS LES **PLAINES**

De passage dans le nord de la France, j'ai utilisé ce que j'ai trouvé au bord des chemins pour laisser çà et là de petites créations toutes simples comme des vieux chardons posés en cercle. Dans un champ, je me suis amusée à sauter à deux pieds dans la neige en tournant pour dessiner ce cercle.

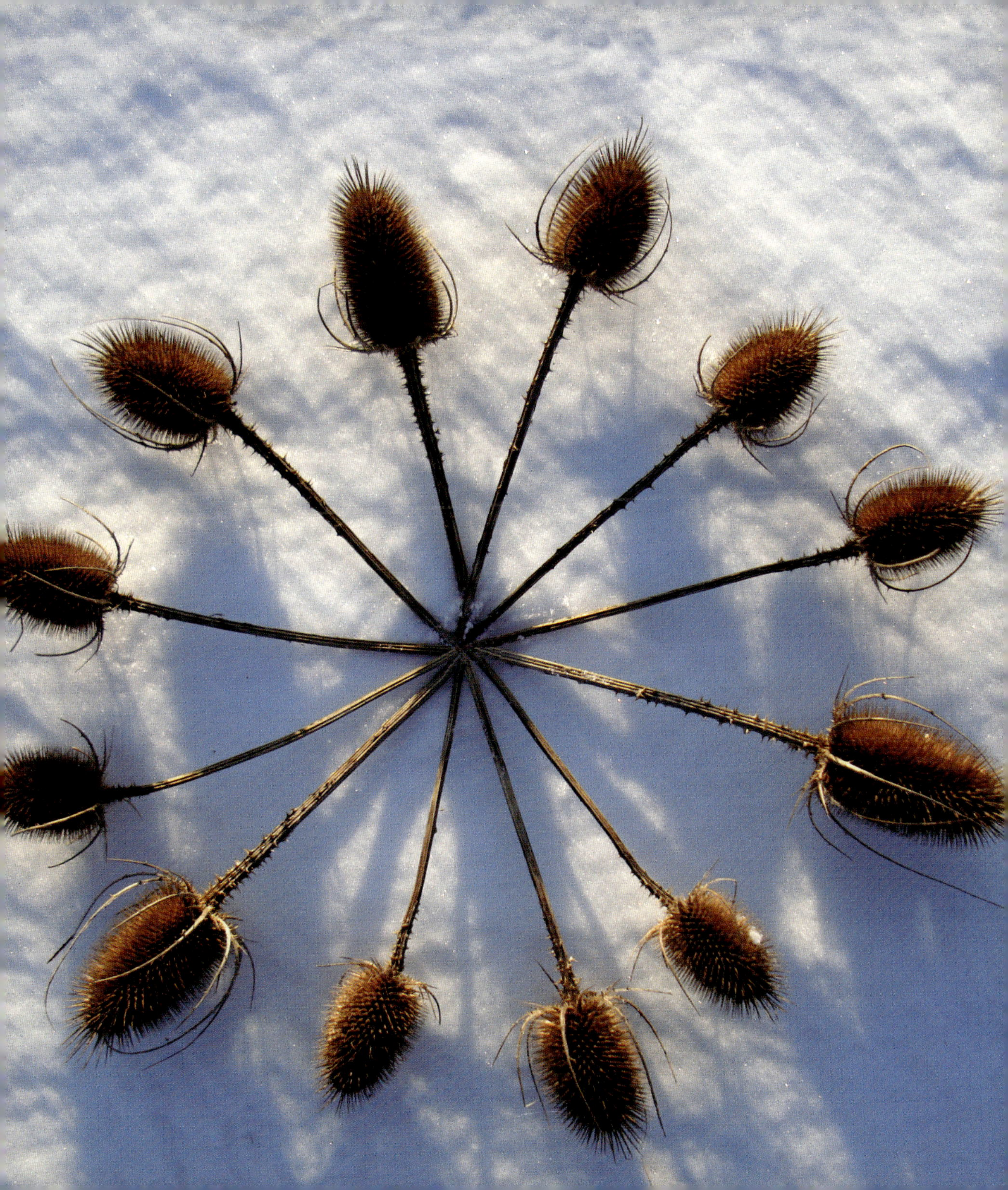

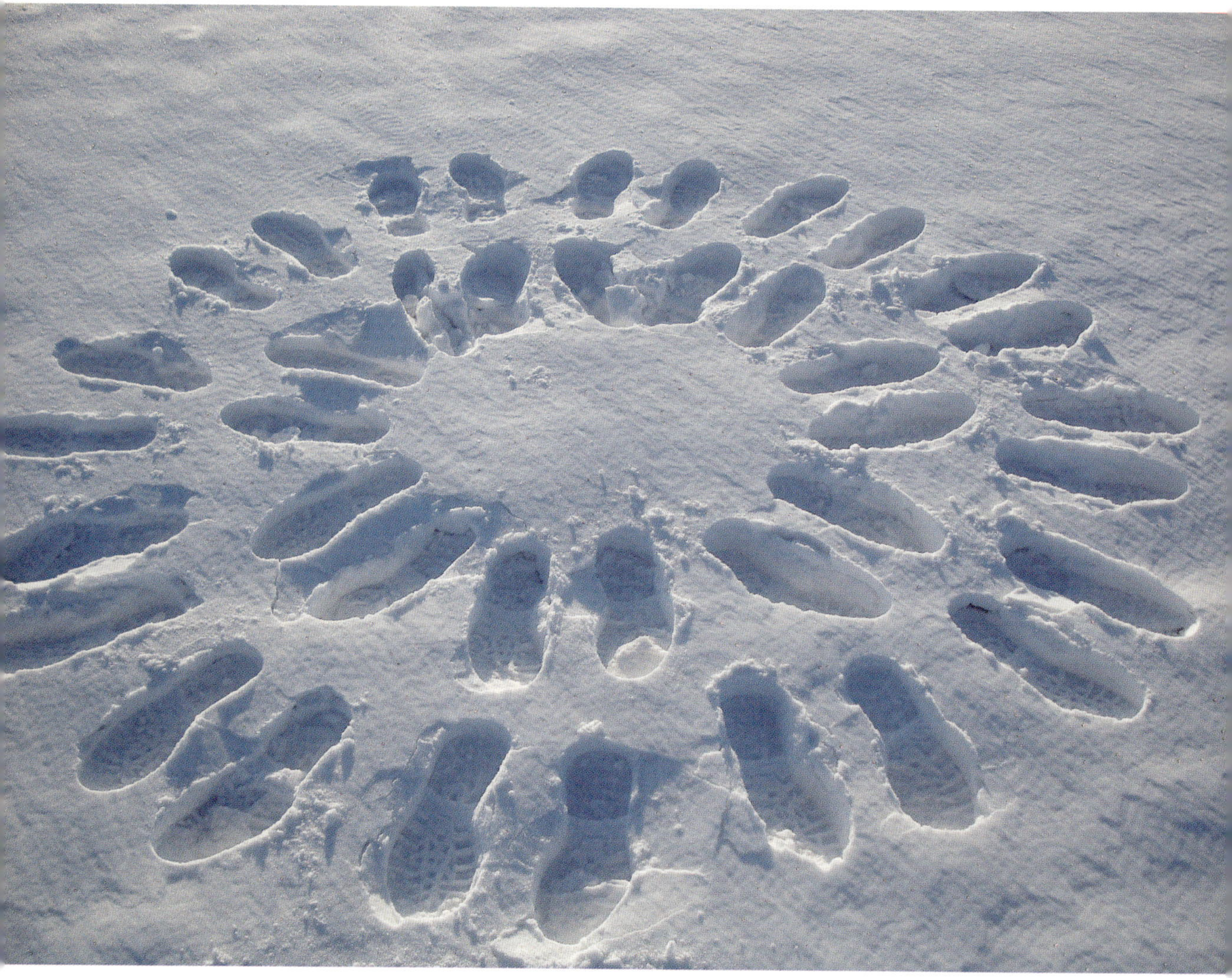

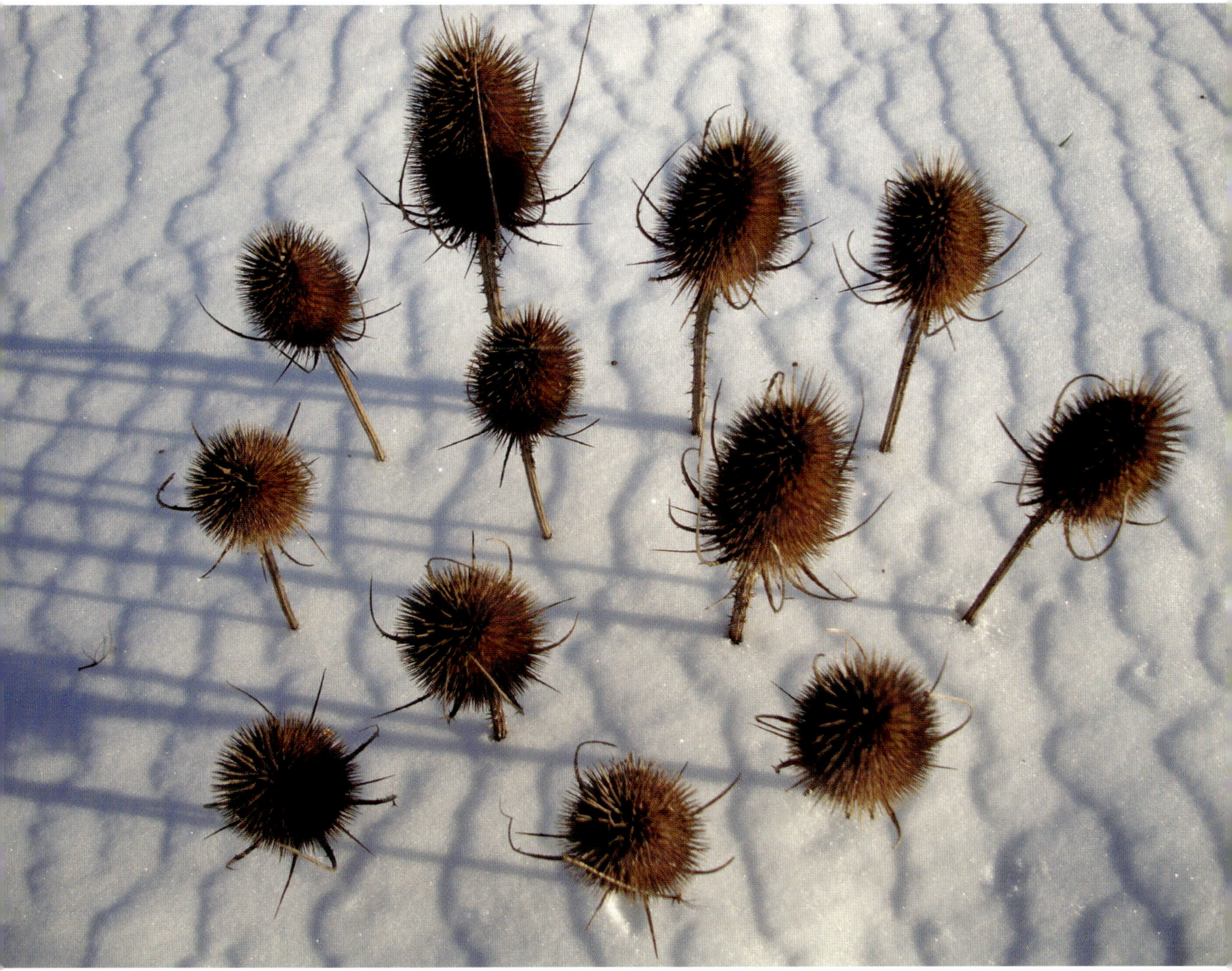

HIVER

CARRÉS DE **GLACE**

L'automne, c'est aussi les premières gelées.
Si tu as des bacs en plastique carrés, tu verses
un peu d'eau le soir (pas trop, sinon ça ne gèle pas)
et le lendemain matin, tu obtiendras des carrés
de glace que tu pourras disposer comme tu voudras
dans ton jardin et fabriquer des constructions glacées.

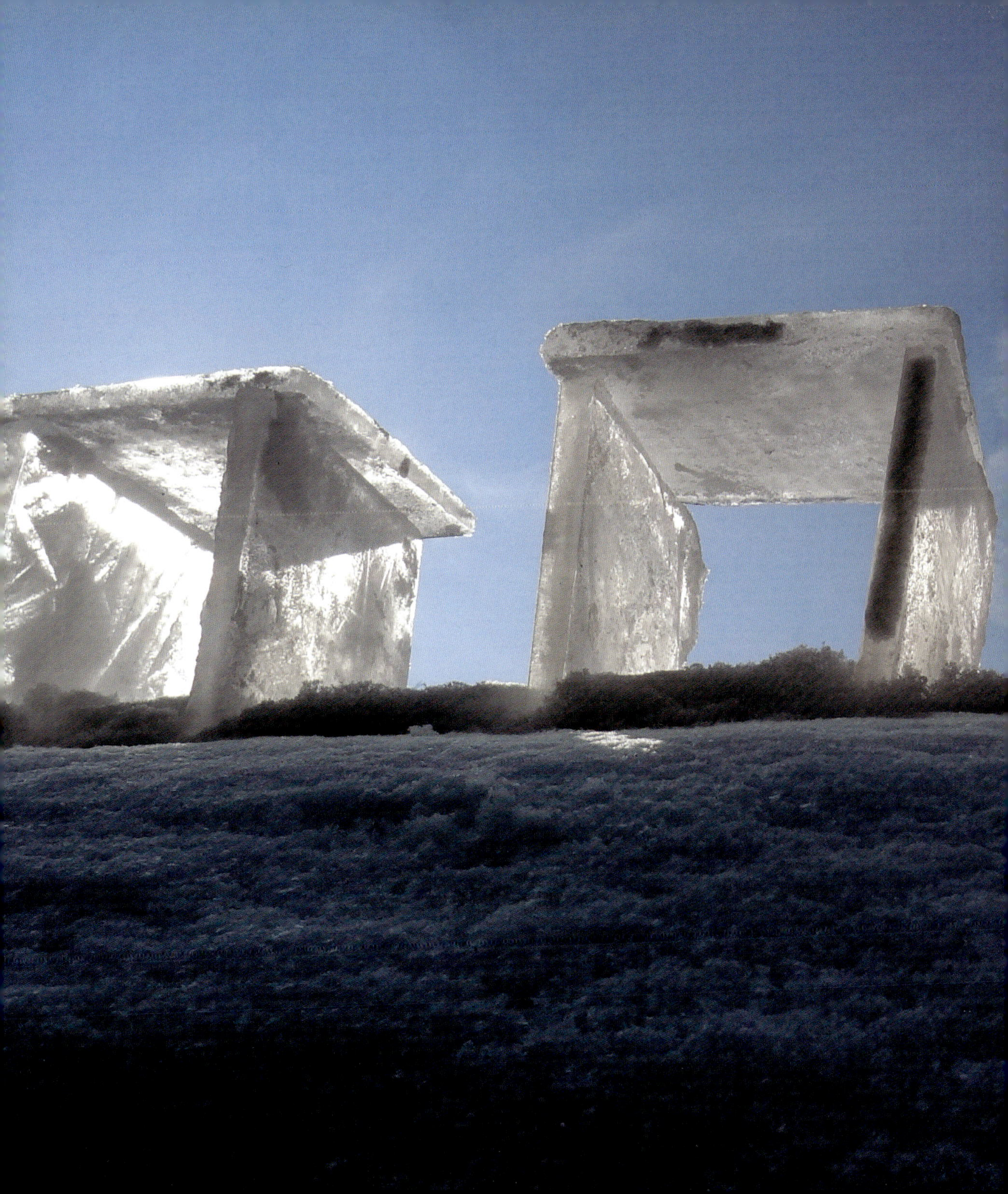

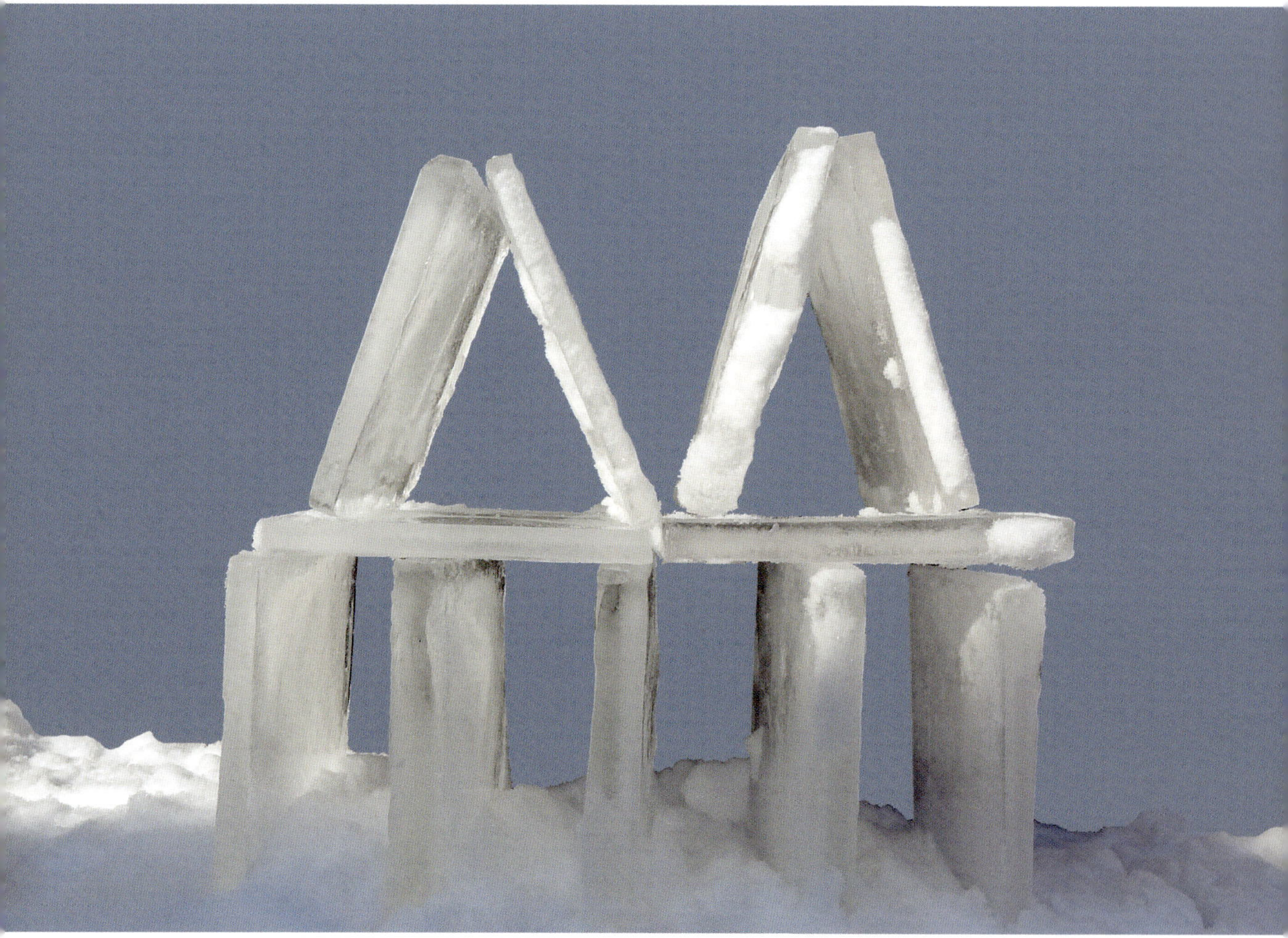

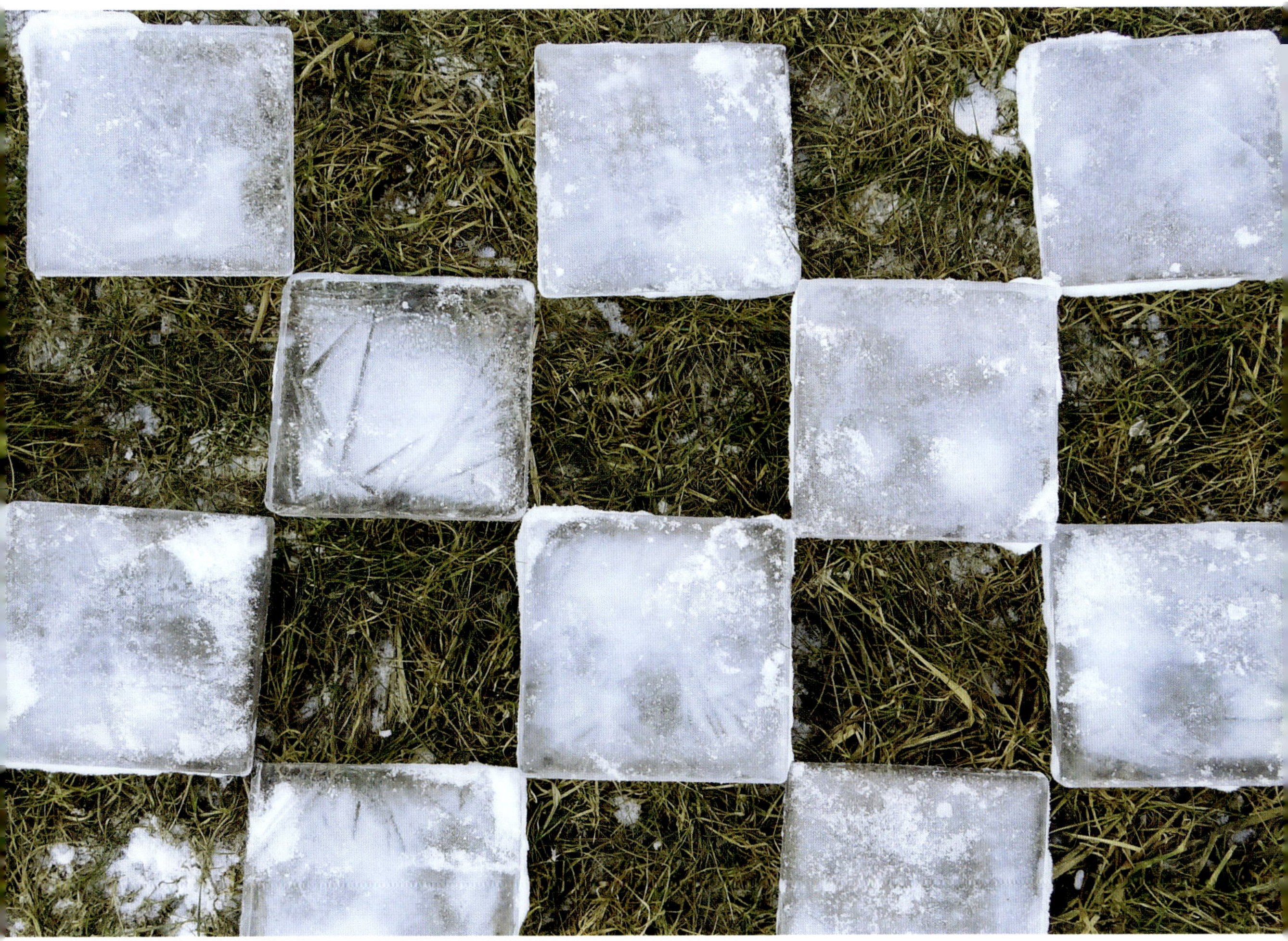

CHANDELIERS **BOULES**

Dehors, sur la table du jardin, nous avons deux vieux chandeliers. Je me suis amusée à confectionner des boules de neige et je les ai posées dessus à la place des bougies. C'est du plus bel effet, non ?

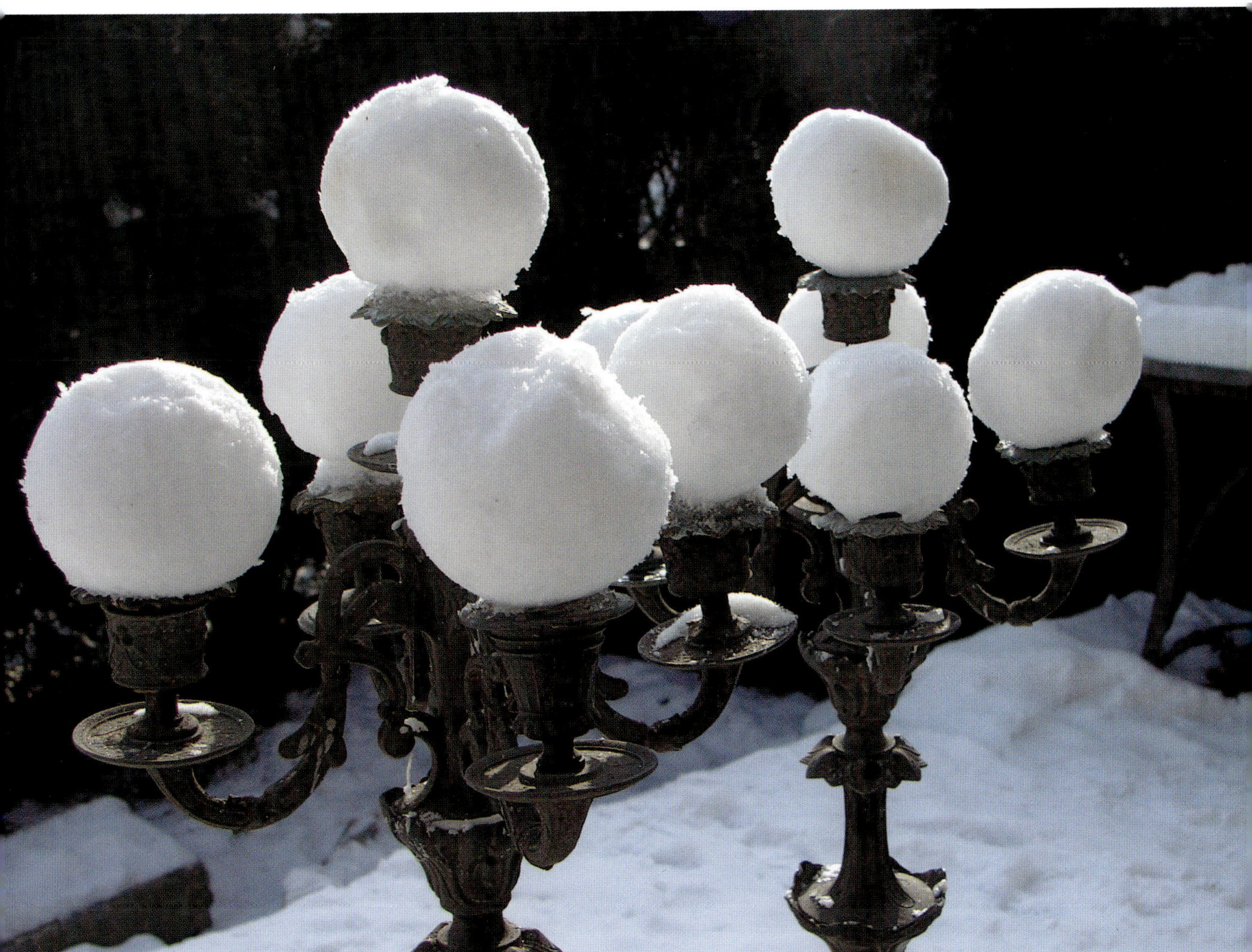

GUIRLANDES **GLACÉES**

Pour réaliser une guirlande glacée, j'utilise des moules à gâteau de différentes formes, ici des cœurs. Je remplis les moules d'eau et je laisse tremper une ficelle de cœur en cœur. Je pose le moule le soir dehors sur la terrasse et, le lendemain matin, il n'y a plus qu'à accrocher la belle guirlande dans le jardin ou sur la fenêtre.

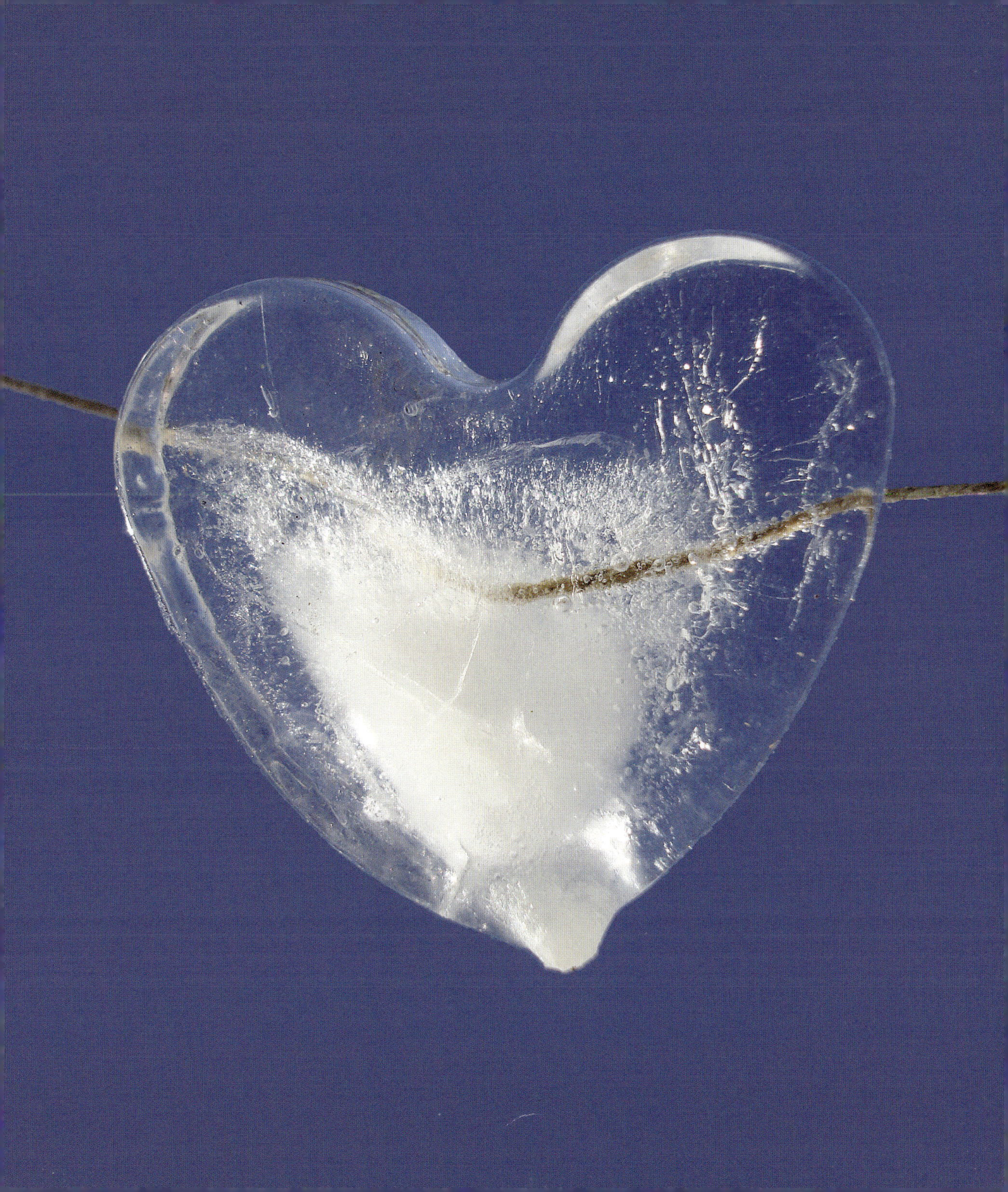

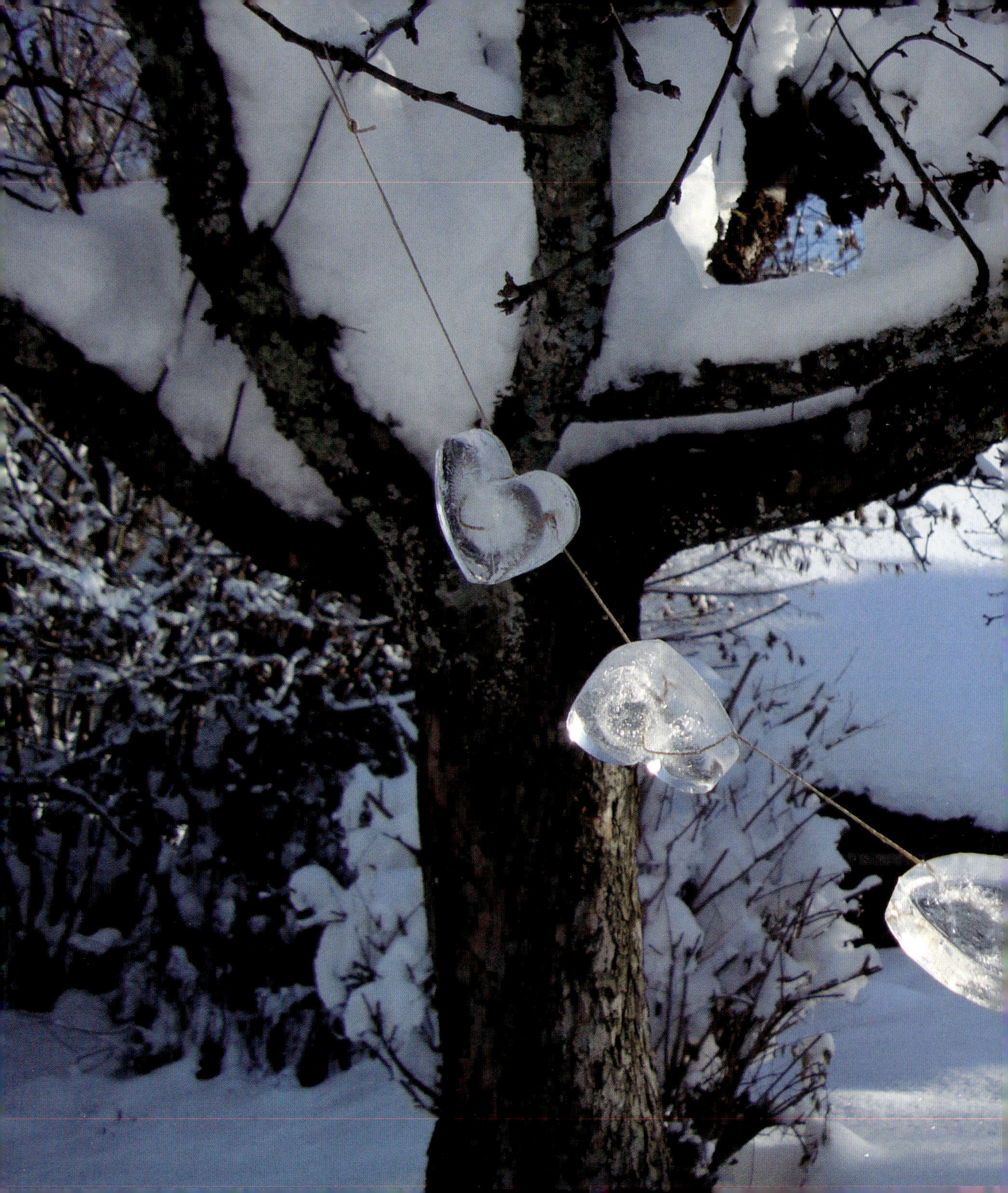

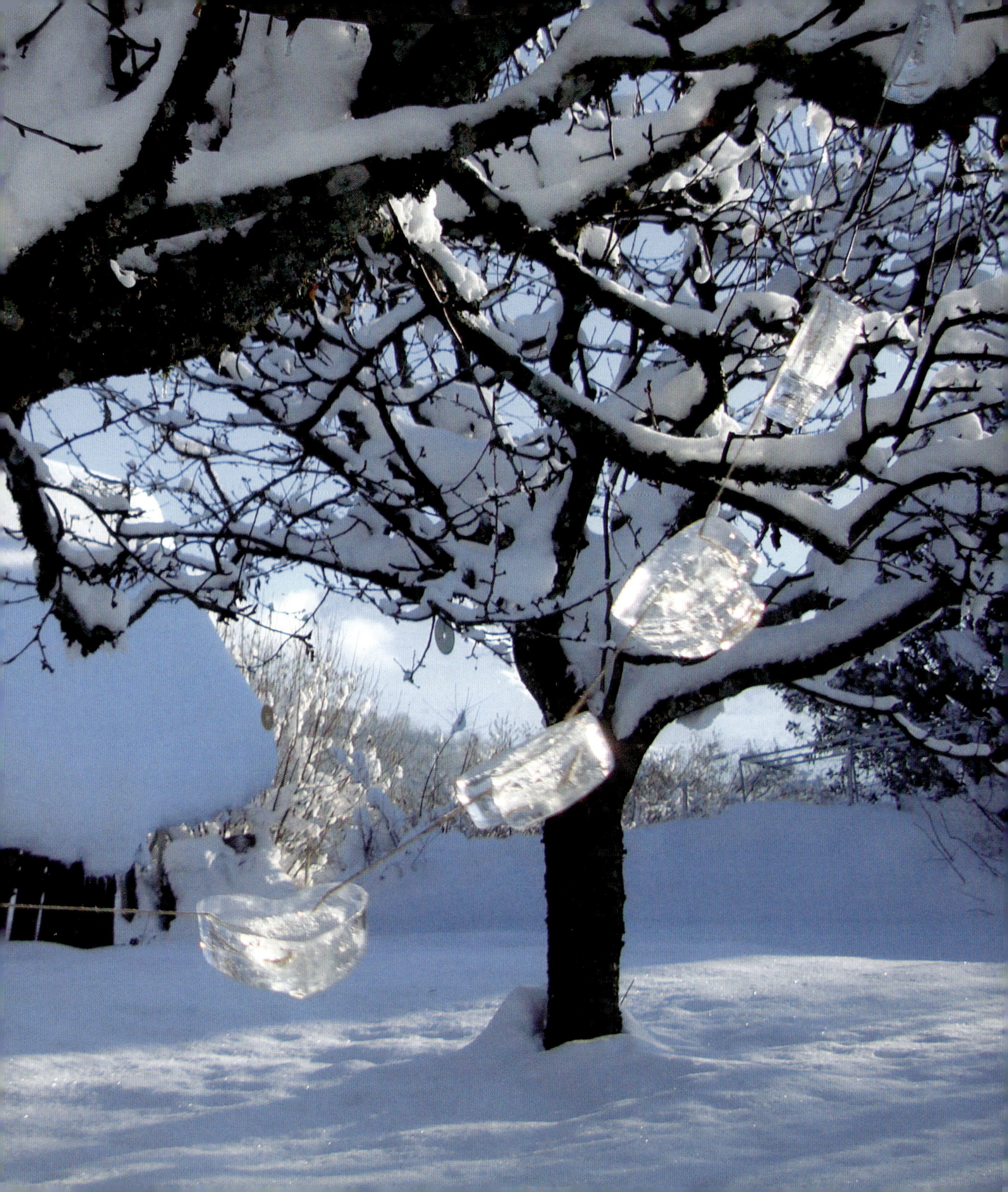

HI
VER

POUPÉES DE **NEIGE**

Pour créer ces drôles de poupées de neige, j'ai utilisé un cône en plastique transparent (une boîte de chocolat de forme conique), je l'ai rempli de neige, j'ai tassé la neige et ensuite le cône s'est démoulé. Pour finir, j'ai ajouté des boules de neige, des bâtons pour les bras, des graines pour les yeux et le nez...

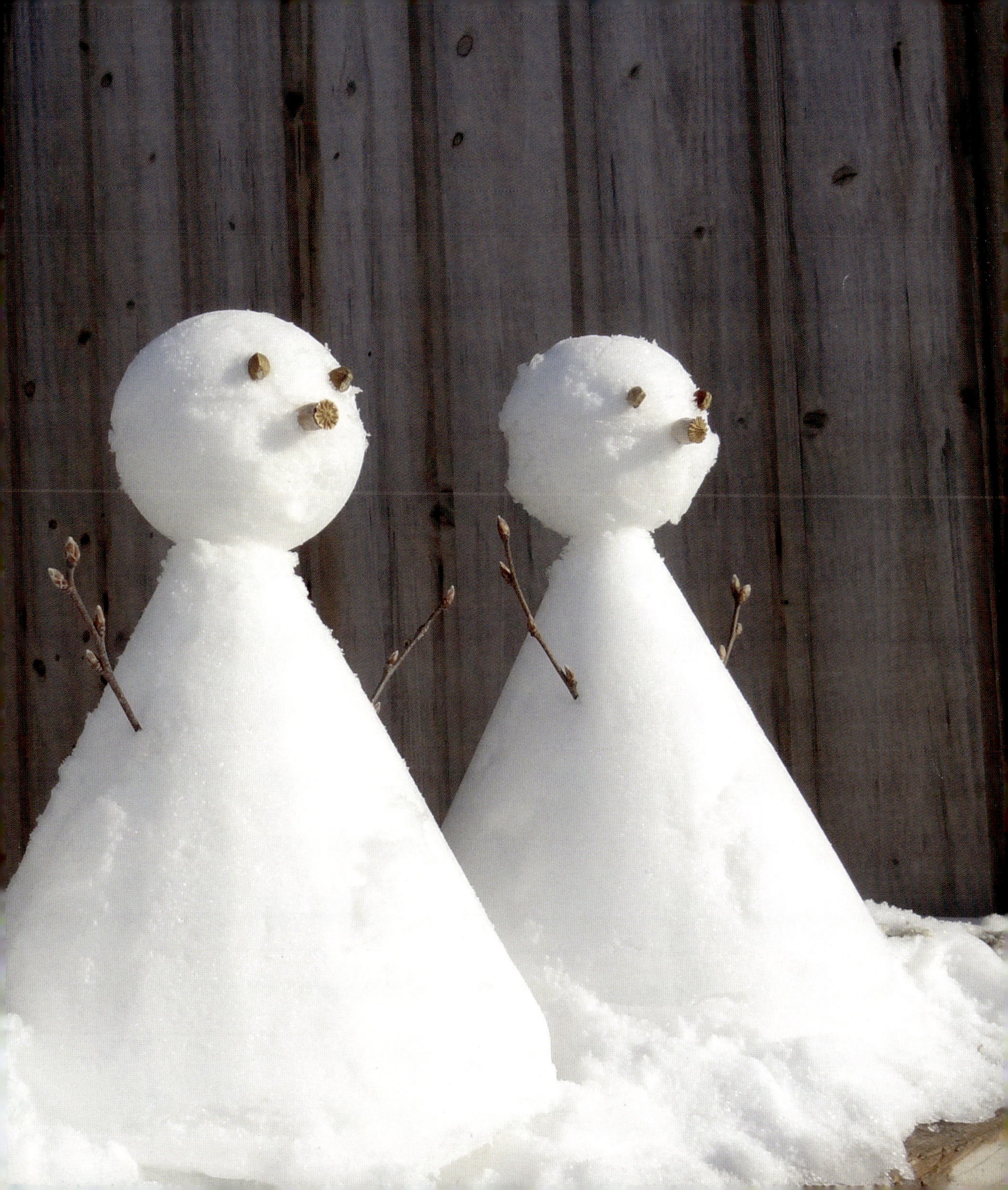

LA **TOUR INFERNALE**

Tout d'abord, pour confectionner des boules de neige bien rondes, j'utilise deux demi-sphères en plastique que je remplis de neige. Je rassemble les deux demi-sphères afin de fabriquer une belle boule. Comme j'avais des plaques de glace gelées, je me suis amusée à créer cette sculpture qui faisait presque un mètre de haut avant de s'écrouler…

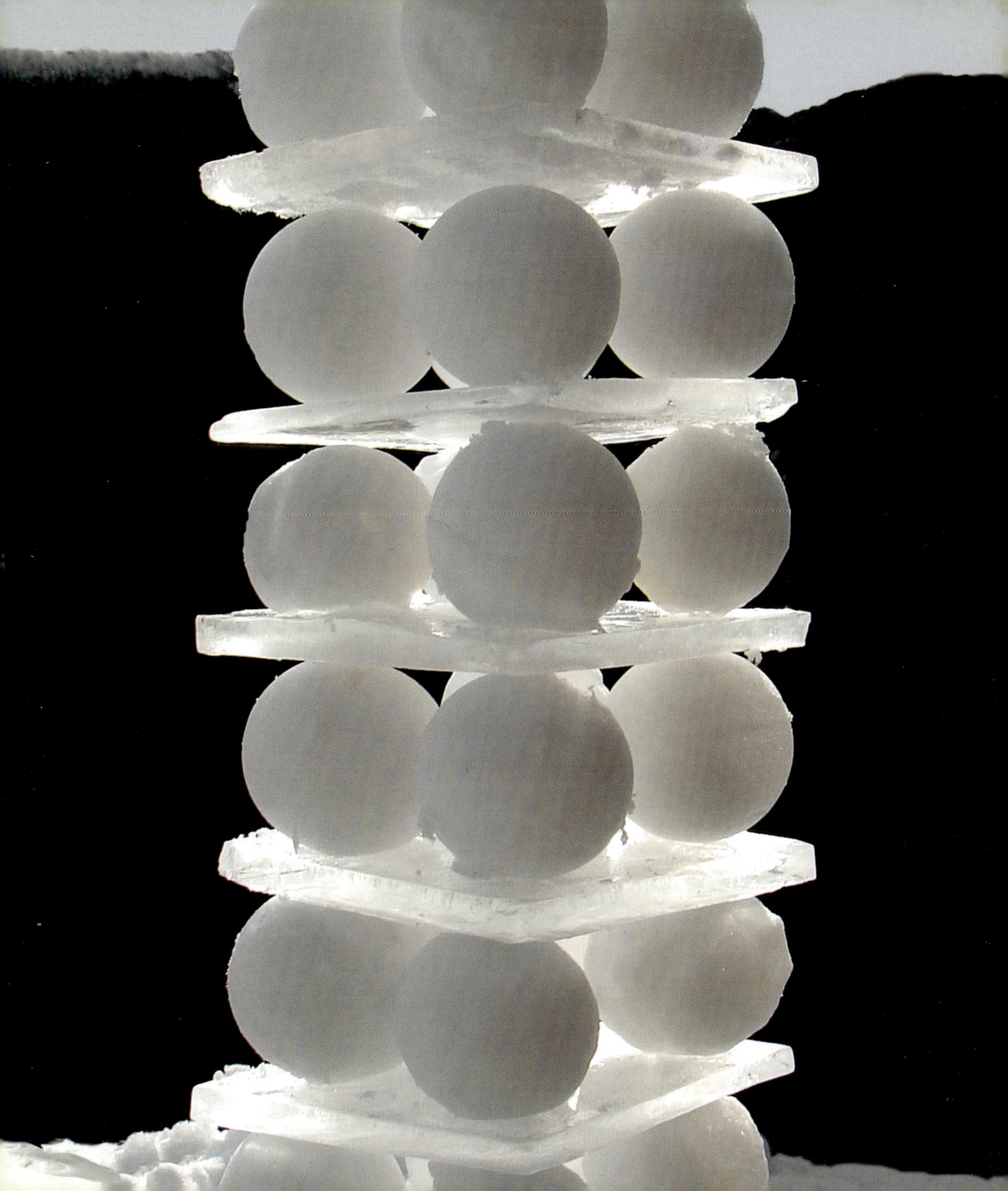

L'ÂGE DE **GLACE**

Voici un petit clin d'œil au film *L'Âge de glace* !

Je n'ai pas trouvé d'écureuil

à qui offrir ce présent…

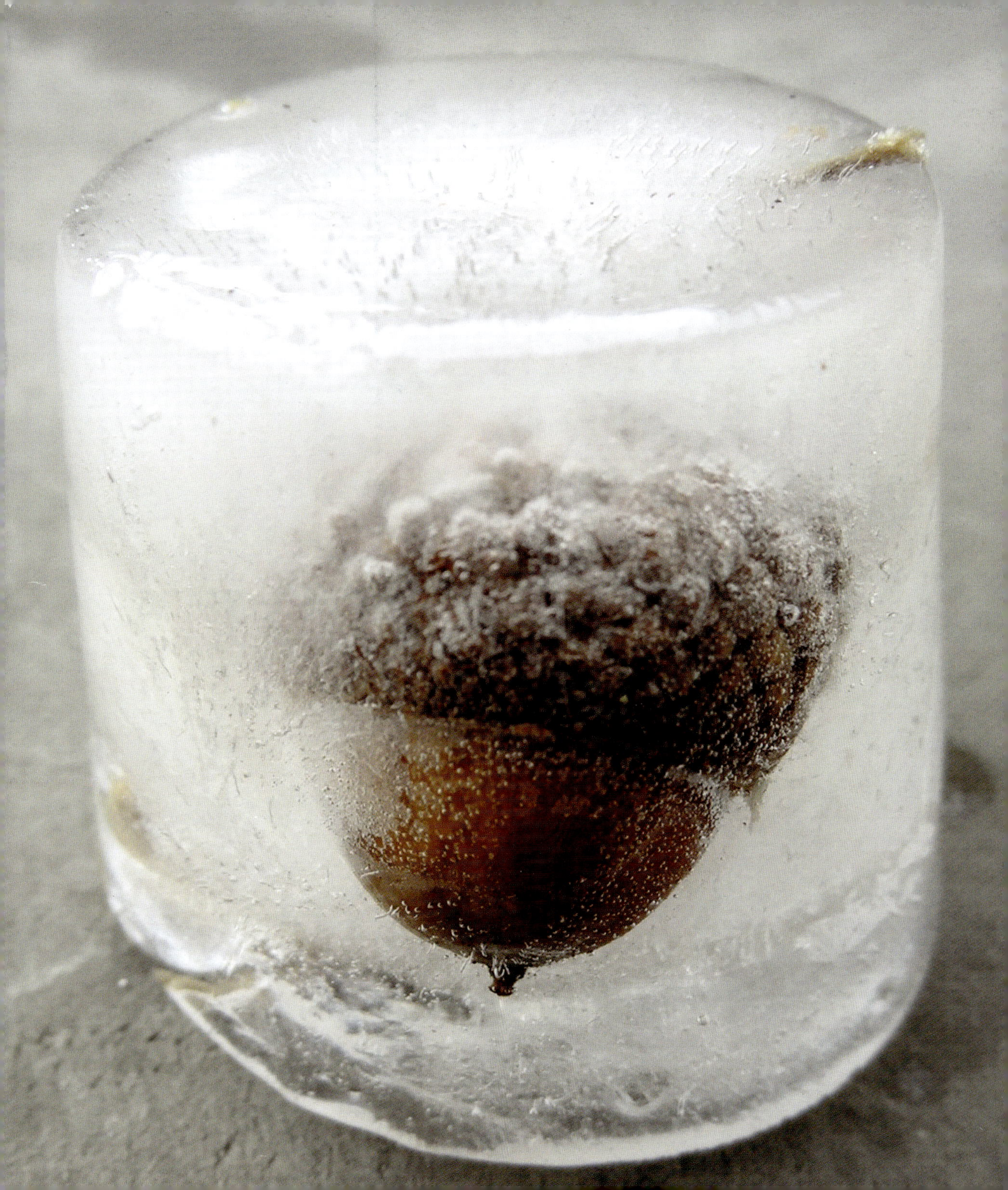

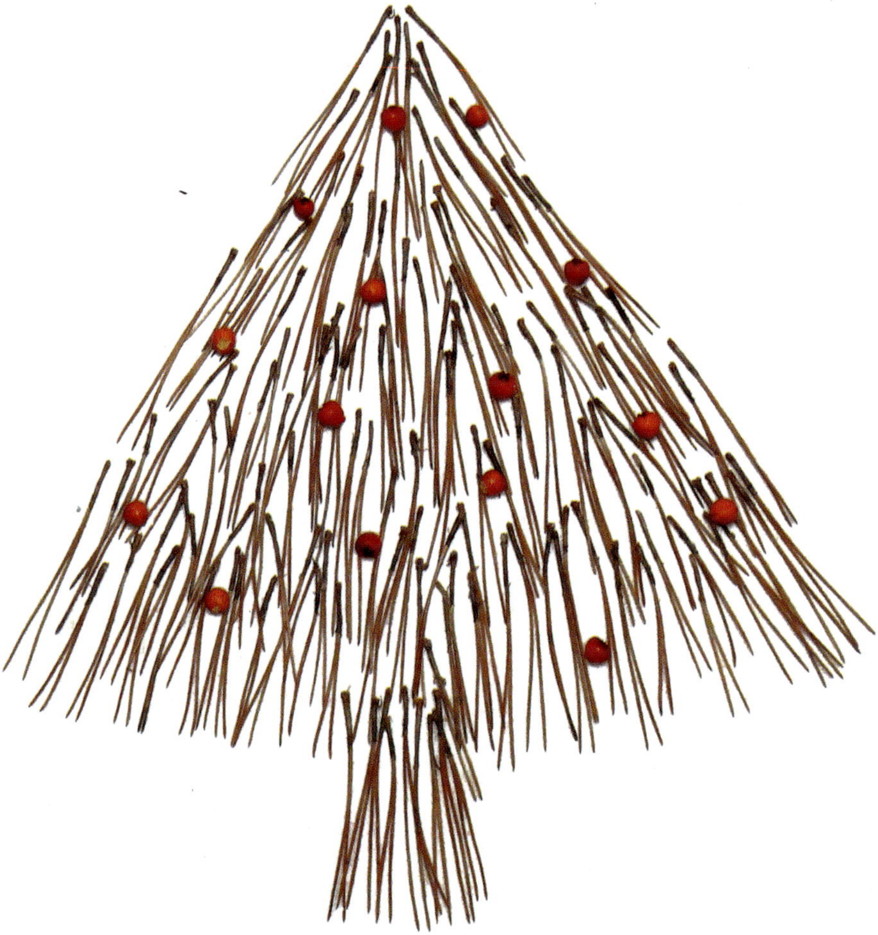

Éditrice : Isabelle Péhourticq assistée de Marine Tasso
Directeur de création : Kamy Pakdel
Directeur artistique : Guillaume Berga

 – ISBN 978-2-330-03465-8
Loi 49-956 du 16 juillet 1949 sur les publications destinées à la jeunesse
Reproduit et achevé d'imprimer en août 2014 par l'imprimerie Pollina - L68940
pour le compte des éditions ACTES SUD, Le Méjan, Place Nina-Berberova, 13200 Arles
Dépôt légal 1re édition : septembre 2014 – Imprimé en France